それでは釈放前教育を始めます！

10年100回通い詰めた
全国刑務所ワチャワチャ訪問記

竹中功
Isao Takenaka

KADOKAWA

はじめに

「今日、刑務所を満期で出ました」――人に会った時たまに、こんなセリフを言ったりします。

2015年まで吉本興業に勤め、専務なるものも拝命し、35年間ほど「お笑い」産業を後方で支えていた経験があることを知っている知り合いからは、私がボケをかましているように思われがちですが、そうではないのです。実際のことを言いますと、本当にその日は刑務所から出てきたばっかりで、「娑婆《しゃば》」に戻ってきたということです（私はこの本で、塀の外の世界のことを「娑婆」と呼び、刑務所の中から見れば束縛のない自由な世界の意として使用しています）。

お笑いにおける「ボケ」はクリエイティビティの見せ所で、いくつもの「ツッコミ」を誘引させる大切な言葉です。創造の世界（ボケ＝非日常）と現実の世界（ツッコミ＝日常）を行ったり来たりさせる作業の始まりと言ってもいいかもしれません。だから私も、「私は今日、病院を退院しました」とかではなく「私は今日、刑務所を出てきました」という非日常感を演出して、相手のツッコミという応酬に期待しているわけです。

私のセリフに対して初級者ですと、ツッコミは「何でやねん！」「そんなアホな！」で終わってしまいます。ちょっと腕を上げると、「そう言うと3年ほど会ってなかったな」とか「お勤め、ご苦労様でした」ですね。ここに「親分」とかを付けると、私は小さく咳をして「留守中はご苦労はんやったなぁ」などと小芝居が始まります。そういう意味でも最初のひとこと、「ボケたセリフ」はコミュニケーションにおいて大変に大切なものと言えます。

さて、お笑いの話はまた別の本に任せるとして、私は実際に全国各地の刑務所の正面入口から入って、またそこから出ていくことを繰り返しています。私が逮捕されて刑が執行されたわけではありません。また友人に会いに行くわけでもありません。ちょっとした用事があるのです。

私は「釈放前指導導入教育員」といういわば出入り業者で、仮釈放や満期釈放で出所する前の受刑者たちに「社会復帰プログラム」の授業を受け持っています。吉本興業で学んだ「お笑い」を作るという経験を生かして「コミュニケーション力を付けよう！」と題して1時間授業を4コマ受け持っているのです。

これは「慰問《いもん》」とは少し違います。「慰問」は受刑者全員が講堂や体育館に集まり、文化的活動に触れることで精神的な余裕や安楽を体感させることなどが目的です。皆さんもニュースで、お笑い芸人や演歌やフォークの歌手が舞台に立っている様子をご覧になったことがあるのではないでしょうか？　それは年に1度あるかないかの催事で、全員の大きな楽しみになっています。

私の授業は、そうした全体研修などの「催事」とは違い、社会に戻る「出所前の人たち」に向けた「講義」です。メインテーマの「コミュニケーション力」に関して、インタビュー術を学んだり、言葉のキャッチボールを実践してみたり、ハラスメントについて学んでもらっています。出所後の社会生活では人に助けられ、人を助けることを続けて行かねばなりません。授業を経て、無事に社会に復帰してもらい、二度と「犯罪」を起こさないことが私の一番の願いです。

しかし現実は、2022年の『犯罪白書』によりますと、前年に刑法犯で検挙された人のうち、再犯者（道路交通法違反を除く）の割合を示す「再犯者率」は48・6%だと言います。

私の授業の対象者は、すでに事件を起こしてしまった人たちです。だから、裁判で刑務所行きを命じられる人を一人でも少なくするという「犯罪抑止」の立場ではなく、既に刑務所などの施設に収容されてしまい、その後、釈放される寸前のタイミングで社会復帰を手伝う役務です。後に事件を起こさせないことを祈るということでは同じですが、私の場合は「再犯防止」なんです。「再」が付くわけですから、私も塀の中に講義に行く必要があるわけです。

講義のなかでは様々なコミュニケーションがありました。また、全国の刑務所ではいろいろ見聞きしましたし、釈放前指導導入教育員として勉強しないといけないと思い、博物館や矯正《きょうせい》図書館などを訪れ知見を集め続けています。また私の愛読書と呼ぶのも何ですが、1960年より法務省（法務総合研究所）作成により発行されている『犯罪白書』も読み込みました（なお本書内のデータ部分は基本的に『犯罪白書』によるものです）。本書ではそんな私の経験を凝縮して書いたつもりです。

それでは私の刑務所ワチャワチャ訪問記、お楽しみください。なかなか見ることのできない所や皆さんの知らない世界の覗き見もできると思います。その後、塀の中でお会いすることだけはご勘弁ください。

Contents【目次】

第1章　刑務所、どうなっているの？

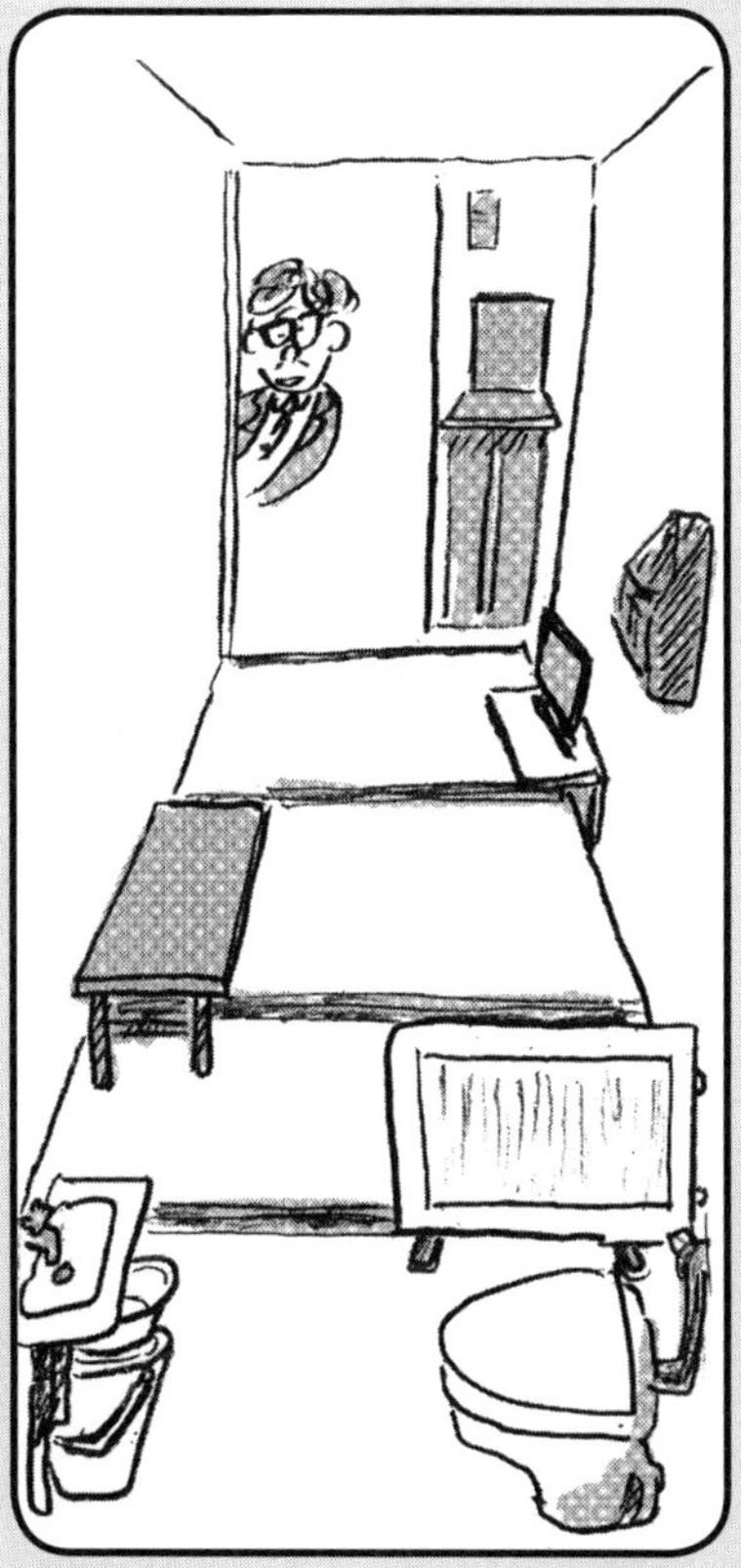

塀の中の運動会に参加

２０１６年10月21日、「山形刑務所運動会」に来賓として招かれました。

前年まではグランドのサイズが小さく、収容者約８００人全員の同時参加が叶わなかったので、午前と午後の2回に分けて行われていましたが、この年の夏に、老朽化していた建物の改装工事も終え、グランドも2倍の広さになり、全員参加ということで運動会が行われることになりました。

当日は晴天、ゲストは教誨師《きょうかいし》の先生や篤志《とくし》面接委員、更生保護会や地元の議員の方など、私を入れて10人程度。私にとっては高校の体育祭以来、四十数年振りの運動会です。

前日から山形市に入り、朝は8時半に受付を済ませ、来賓席に座りました。一応ゲストなんでスーツ姿で行き、指定の来賓用のテントの席に着きました。隣はよく知った牧師さん。小学校の頃の運動会でよく見た景色です。子どもから見れば「あのおっちゃん誰？」となる、どこぞの偉いさんかわからない人がテント席に座っていた、アレですね。今回は私がそこに座っていました。確かに受刑者から見ても「あの人誰？」でしょうね。私は釈放が決まった人向けの授業で月に1回ほど行くだけですから。グランドにいる人たちとは初見です。

刑務所の運動会は、紅白の2組に分かれて競争するものではなく、工場ごとの競争になります。

同じ居房、同じ工場で働く者単位でひと組になります。この日だけは年に一度、思いっきり走ったり、大声を出して自分の工場を応援したりできますので、グランド中に熱気が巻き起こっているのを肌で感じました。彼らにとってはストレス発散、エネルギー全開の日です。

開会時には入場行進するヒマがないのか、はじめから全員が真白の上下の体操服を身に着けて整列しています。１ミリもとは言いませんが、まぁ見事にきれいに並んでいます。律するとはこういうことを言うのでしょう。これは、「自分をコントロールすること」を覚えるべきであるという意味で大切だと思います。一般社会や現代の小中高校にここまでの整列が必要かどうかは別ですが、刑務所においては、「自分には甘い」という悪癖は取り除くべきだと考えますので、それがこうした整列にも表れているのだと思います。

みんなの服装は、いつも工場で着ていた、あせた薄黄緑色の上下のものではありませんでした。全員がこんなにもきれいな一張羅《いっちょうら》を持っていたのかと驚きました。年齢こそバラバラではありますが、晴天下、みなが真白の体操服を着て、グランドに整列している姿は、強制や命令などは微《み》塵《じん》も感じず、凛々《りり》しいものでありました。そして１年間、この日を待っていたという喜びも漲《みなぎ》っていました。

まずは山形刑務所所長による開会宣言です。続いて「優勝旗返還」。これは昨年まで午前と午後に分かれていましたので、２つの旗が返還されました。その後、所長からの挨拶があって、競技上の注意が担当官から伝えられ競技に入っていきます。

競技に入る前には、「ラジオ体操」がありました。受刑者たちは練習していたのでしょうか、

「ラジオ体操の準備」と言われると見事に前後左右の人との間隔を空けて、準備万端、整っておりました。私たち来賓もテントの下で、隣の人とぶつからないように間隔を空けて思いっきり体を動かします。ラジオ体操第1をやったのですが、私の体は硬く、筋は伸びないし、終わったら足元がフラフラになりました。受刑者の中には私よりも年上の人も多いはずなんですが、よく見てみると、私よりも体を柔らかく動かしている人もいます。

ひょっとしたら日々の食事や運動のお陰で、都会に住んでいる私より、よっぽど健康的で体にいい生活をしているのかもしれません。お笑いのネタで「健康になるなら何をしてもいい！　健康になるなら死んでもいい！」なんてギャグがありますが、刑務所内の健康に関する管理は徹底されているのでしょう。

ラジオ体操が終わると、みな席に着きます。彼らは来賓席から見てトラックを挟んで向こう側の決められたスペースに、工場ごとに地べたに座ります。声を出して自由に応援ができるようなことは年に1回、運動会に限られるので、気合の入り方も尋常ではありません。競争も応援も、調子のいいところを見せたい一心であることが伝わってきました。競技が始まる前から「行くぞ、第5工場！」「行くぞ、第9工場！」などと声を出してウォーミングアップもはじまっていました。

そしていよいよ競技開始です。今回、工場は1から20まであり、それに「炊場」「補綴《ほてつ》・客舎衛生係」「構内掃・舎内掃・営繕」などが加わり計22チームが参加。なぜ全部で22なんでしょうか？　それは第4工場が欠番だからです。

この日は8つの競技が用意されました。まず「工場対抗リレー予選」からです。工場ごとの声援に力が入ります。「フレーフレー第8工場！」「フレーフレー第12工場！」などとエールの交換ができます。経験者でしょうか、応援団長らしき人がいる工場は声援もまとまりがあってうまいものです。彼らの応援がヒートアップすると共に、来賓席も熱くなってきました。私や牧師さんも大声で応援です。「あともうちょっとやで！」「頑張らんかい、にいちゃん！」とついつい私は関西弁が出てしまいます。

しかしただ一人だけ気になった走者がいました。先に書いたように開会式の時は全員が真白の上下の体操服でしたし、このリレーでも私の目の前の走者は全員が半袖・短パン姿、全力で突っ走って行ったのですが、よくよく見ると、一人だけ半袖・半ズボンの先に柄が入っているのです。「変わった体操服やな？」と思ったら、いやいや、よく見ると「入れ墨」なんです。確かここの刑務所の受刑者は分類でいうと初犯で長期滞在の人が多く、暴力団関係者は一人もいないと聞いていましたので、特例かと思い、知った刑務官を探し出して訳を聞きますと、答えはひとこと、「あれはファッション・タトゥです」とのことでした。見事なカラーリングの走者の勇姿は目に焼き付きました。そしてまた走る姿がきれいなんです。「陸上部出身かな？」と応援席から妄想は広がります。

続けて「スプーンリレー」「玉送り」「輪投げリレー」などがあり、最後は私が一番楽しみにしていた「玉入れ大会」です。実はこの競技は来賓も参加して一緒に競うものですので、私もジャケットを脱いで、カッターシャツも腕まくりして臨みます。

私は紅組を選びました。この競技に限っては紅白の2チームが戦います。それぞれ40人ほどの参加選手がいました。

刑務官がカゴを付けた約2・5メートルの棒を垂直に支えます。カゴの周りを輪になって取り巻き、始まる前に私は「皆さん、負けんときましょね！」とまたもや関西弁で盛り上げました。

ところで周りを見渡しますと、多くの選手が私より年上のようで、体力不足っぽい人も多いのです。ラジオ体操では調子よかったので、走ったりはできなくとも玉は投げられるだろうと高を括《くく》っていましたが、ホイッスルが吹かれますと、しかし、それが、なかなか、実際、投げてもカゴまで届きません。こうなれば紅組においてはヤングな部類の私がよりハッスルせねばなりません。紅の玉を三つ、四つほど鷲掴みにして何回も放り投げました。

途中1回休憩を挟んで、競った結果、32対29で我々紅組は敗北してしまいました。でも、カゴに入った玉を数える時、周りで座って見ている人たちに「みんなも声を出して一緒に数えよう」と私から呼びかけ、みんなで大きな声で数えることができたのはよかったです。全員で高齢者のファイトにエールを送り、一体感を覚えることができました。後日談ですが、「玉入れ」でみんなが声を出して玉の数を数えたのはこれが山形刑務所で初めてのことだったそうです。

実は先にお詫びしますが、競技終了、敗北決定後、退場時に私は周りの紅組仲間にいらぬひとことを残してテントに戻ってしまいました。本当に申し訳なく思います。なんと同じ組のみんなの顔を見ながらテントに戻る時、私が放った言葉とは、「また来年がんばりましょうね！」だったのです……。

これって紅組で一緒のチームメートのどなたかが、来年の運動会にも参加しているっていう前提の言葉ですよね。それまでに出所する人もいらっしゃったかもしれないのにということで、それは大変に失礼な言葉でした。

ただ実のところ考えてみますと、他の競技はみな工場別の参加でしたが、なぜか「玉入れ大会」の参加者は工場には関係なく、紅白の組に分かれているだけでした。しかも参加している人のほとんどが60代以上の人です。ここからちょっと推測してみると、その人たちのほとんどは無期懲役の受刑者だったのかもしれません。ちょうど80人ぐらいが「玉入れ」に参加していたので、私が持っている収容者の分類データとも一致します。ということで、来年もお会いする可能性は「大」ともいえるのではないでしょうか。そんなこと言ったら叱られるかな？

競技を通して一体感や共同作業、そして競争というものを皆と一緒に一度で体験できる「運動会」は、本当に素晴らしいものだと感じました。単に1人で競技に出るとかではなく、皆でグランドを整備し、ライン引きでコースなどを用意し、工場別の応援席も作るなど、全員で1つのことを仕上げることの重要さも目の当たりにしました。

運動会には、寸前に「懲罰」などを受ければもちろん参加できません。また、雨が降って中止になったら1年後を待つしかありません。運動会の開催を願い、1年間を堪《た》える受刑者もいると聞きました。スポーツや芸能の持つ力、もっと刑務所で活用したいと考えます。

女子刑務所の合唱大会で審査委員長

２０２２年版『犯罪白書』によりますと、21年刑法犯検挙総数は17万５０４１人。そのうち女性は３万９２３９人で、全体の22・４％を占めます。女性で最も多い年齢層は40歳代で、65歳以上は約2割です。女性受刑者が入る刑事施設は全国に11カ所あります。

私が「釈放前指導導入教育」の講義を全国各地の刑務所でやっていることが有名になったのでしょうか、突然、講義ではなく「合唱大会」の審査委員長役で声がかかりました。２０１８年３月23日、場所は「福島刑務所 福島刑務支所」です。

「刑務支所」とは聞き慣れない名前ですが、東北管内で唯一となる女子刑務所です。女子刑務所は男子と違い、犯罪の属性によって刑務所が分けられたりしていません。万引き、窃盗から詐欺、傷害、殺人まで、どんな犯罪の属性でも基本全て同じ刑務所に収容されます。

さて、刑務所は精神衛生上でも健康でなければならないというところがあり、年間を通して花見や運動会、歌手やお笑い芸人の慰問なども用意されています（ただこの数年間は新型コロナ感染症の影響で、ほとんどのレクリエーションなどが中止になっています）。

その慰問の一環として、この刑務所の「合唱大会」に招かれたのです。

会場となる講堂に呼ばれた私はその日、なぜか審査委員長でした。舞台を客席から見ますと、上手《かみて》（客席から見て舞台の右側）にある長机の審査員席には名ビラ（寄席用語で言うと「めくり」）。その人の名前などを書いたもの）が1枚だけしか貼られておりません。それも私の名前だけです。「1人審査委員長って、これいかに？」という気持ちです。そこで今回、声を掛けてくださった張本人、この施設の部長に舞台袖で聞きました。

「審査員は私1人でしょうか？」と問いかけると部長は嬉しそうです。

「ハイ、1人審査員をやってください！」とひとこと。

いきなり部長の司会で始まりました。

「今日は元吉本興業の専務だった竹中さんが審査委員長です。思いっきり歌いましょう。楽しみましょう！」と紹介されたのち、私は壇上に駆け上がりました。こういう時のリズムって大切なので、舞台で一度こけようかとは思ったのですが、ここでスベったらその後が巻き返せないような気がしましたので、それはやめつつも、ウキウキ感満タンで舞台に上がりました。それだけで拍手の嵐です。「そんなに拍手をしたところで私は審査員ですよ！　面白くはないですよ」と私はマイクを通して言ったのですが、もうそんなのも聞かず、始まる前からものすごく盛り上がっていました。部長の前説のせいですね。

整列された椅子に全員がピシッと座っています。400人ほど、ほとんどの受刑者が参加しているのでしょう。部長に聞きますと欠席者は体調のすぐれない者と、若干問題のある者だけ。講堂の中は化粧や香水の匂いは皆無です。全員が化粧っ気なしのスッピン。当たり前と言えば当たり前ですが娑婆ではあり得ません。最近は小学生でもお化粧したりしていますからね。

私自身は最初、緊張半分、ワクワク半分でしたが、彼女らの熱気に押され「今日はレクリエーション、歌って元気になろう！」とトーンを上げて審査に臨みました。

ここの合唱大会は、工場対抗合戦です。いつ参加者が舞台に上がるのかと思って待っておりますと、みなが着席したまま動きません。見ておりますと「その場で立って歌います」とのことでした。カラオケの動画は舞台の一番奥のホリゾント（投影する布）に映し出し、彼女らはそれをその場で見ながら歌うとのことでした。

第1工場から順に立席して歌います。まずはリーダーが合唱する歌を選んだ理由を述べ、歌いはじめます。元気がいいのは当たり前。皆さん抑揚を付け、表情豊かに楽しそうな歌声です。私が子どもの頃に学校で聞いた保護者たちの「ママさんコーラス」より若々しく、初々しく歌声は響きました。ほとんどカラオケには行かない私ですが、歌うことが笑顔を呼ぶのか、笑顔が歌声を良くするのか、とても気分のいい合唱大会がはじまりました。

私は1曲、歌い終わるごとに寸評を入れる役割です。

第1工場の選曲は「宙船《そらふね》」でした。作詞・作曲は中島みゆき。この曲はTOKIOの長瀬智也が主人公だったテレビドラマの主題歌です。私の寸評は「歌い方は男っぽかったぞ！ みんなは中島みゆきの楽曲じゃなくってTOKIOを頭に置いて歌ったな！」なんて返しました。

そして4番目の工場の選曲はZARDの「負けないで」でした。ここは失礼でしたが、曲紹介の時点で笑ってしまいました。そこは許してください。しっかり声も出ていて、コーラスもバッチリ合っていましたので私の寸評は「選曲がサイコーです。歌詞から伝わる、最後まで諦めずに頑張ろうという思いには感動しました」と評しました。その工場のメンバーはその寸評を喜んでくれたようでしたが、さすがの私もひとこと加えました。

「いま『負けないで』を歌いましたけど、みんな、負けたからここにおるねんで！」のコメントで会場は他の工場の人たちも含めてみんなで大爆笑。そこでもうひとこと。「他の工場の人もみんな、負けたからここにおるねんで！　頼むからもう二度とここには来ないでください！」と訴えました。ここで生まれた笑いは「魔力」とも言えます。この日は、それで和んだ空気のまま最後まで進みました。

そんなピンぼけな寸評をしながらでしたが、そのあとも「翼をください」「どんなときも。」「贈る言葉（海援隊）」「想い出がいっぱい」などが続きました。同じ工場のメンバーで曲選びをして、お稽古してこの日が来たんだと思うと、聞きながら涙が出てきました。参加者の年代はまちまちです。その日私は59歳でしたが、私より年上の人も多かったですし、あどけない少女のような人もいました。訳ありと言えば訳ありのオンパレードです。刑務所でお世話にならねばならない理由が間違いなくあるということだけは確かです。

すべての合唱が終わり表彰式です。始まる前に聞いたのは優勝と準優勝を決めようということでした。ただこの日は賞品があるわけでもなかったものですから、私からの提案で全工場を表彰しようということにして、各賞を即席で考えました。「ハーモニー賞」「ハッスル賞」「笑顔賞」などなど。当然「男前賞」は「宙船」を歌った工場でした。全工場のリーダーに壇上へ上がってもらい、それぞれに表彰状を手渡すことになりました。ひと工場ごとに賞状を読み上げて、その時、私から握手を求めたのですが、突然のことに女子は手を引き下げてしまいました。こういう行為は駄目なんやと思いましたが、部長が「今日はいいぞ」と言ってくださり、全員と握手することになりました。

せめてもの私からのねぎらいがその「おもしろ表彰状」でした。そして私は、彼女たちには二度とここには戻ってほしくないという思いを強くしました。それは参加者全員が渋谷や新宿、梅田ですれ違うような、どこにでもいる化粧っ気のない女性たちだったからです。何があってここに来たのか、想像などつきません。

ところで最後の最後まで気になったことがありました。各工場に属さず、合唱もせず最前列に座っている女子が2名いたのです。もちろん起立礼もできていますし、行儀よく、歌も聞いていたのですが、なぜか完全に茶髪というか金髪なんです。外国人でもないようなので不思議で仕方ありませんでした。美容師の資格が取れるクラスもあるので、そこの練習台にでもなったのかとも一瞬思いましたが、理由がまったくわかりません。皆さん、どう思いますか？

気になって仕方ないので、合唱大会終了後、部長に聞いてみました。

答えはひとこと、「ここに、入りたてですわ」とのことです。確かに、入所する時の条件で、男子は丸刈りにしますが、女子はそういうことがありません。髪型は自由です。その女子2名は逮捕されて実刑になって、刑務所に入るまでの間、髪の色を元に戻すこともなく、それまでの姿でやって来たということでした。徐々に黒髪になっていくのでしょう。

網走刑務所産の和牛はＡ５黒毛和牛

現在の網走《あばしり》刑務所（二見ヶ岡農場）には、全国唯一の「肉牛」の育成を行う施設があり、繁殖から出荷までの一貫生産を行っています。常時１００頭前後を飼育していて、Ａ５ランクの「網走監獄和牛」も多数輩出しています。

そこで生産されている和牛は、近くの「博物館網走監獄」内にある食堂ではハンバーグに加工されてロコモコ丼などとして提供され、また市内の焼肉店でも「網走監獄和牛」という名で焼肉メニューとして扱われています。私は見学で「博物館網走監獄」にも行ったのですが、ロコモコ丼は大人気のようで午後には売り切れていました。

１８９６年に開設された二見ヶ岡農場は、網走刑務所から約６キロ離れた屈斜路《くっしゃろ》外役所を前身とする歴史ある農場で、約３５９ヘクタールの広大な敷地を有しています。当初から農場の周囲には逃走防止用の塀などは設置されていません。飼育係は網走刑務所で一番人気の係です。網走刑務所で1～2年服役し、生活態度の良さや就労意欲を認められた受刑者がこの農場内の寮で共同生活をして、牛の世話などに従事します。牛の世話以外には農作業も実施しています。農作物は馬鈴薯《ばれいしょ》、小豆、金時豆、大根、人参、牧草などです。

網走刑務所の受刑者のうち20～30人がここの施設の大部屋に暮らしており、目覚まし時計やＣ

Dプレーヤーを購入できるなど優遇されているということです。

こういうのは他の刑務所では見られません。私も実際に一度、中を見学させていただきましたが、大部屋に全員で寝泊まりしているという様相でした。ベッドとベッドの間には低いですが、衝立《ついたて》が立てられ、プライベートも確保されていました。刑務所の共同室と比べると月とスッポン。鉄格子もないですし、修学旅行で旅館の大広間に布団を敷いて過ごしている感じと一緒でした。まぁここで枕投げでもしたら塀のある刑務所に戻らないかんでしょうがね。

この農場のことを「アメとムチ」とは言いませんが、「肉牛」を育てることを「責務」として受け入れている彼らに「脱走」などの可能性もなく、生き物の面倒を見るということが結果としてその「責務」を全うするための「努力」と「辛抱」に変わるということのようです。100年を超える歴史も経験もあるからできることなのでしょう。こういうことは多くの刑務所ではなかなか真似できません。合理的なデジタル管理にも置き換えられないことです。扱う動物の命という尊厳も考えねばなりません。特にここで扱う命は「食」でもあります。なぜかマンガ「あしたのジョー」で矢吹丈が少年院の養豚所の豚の背中にまたがって脱走しようとしたことを思い出しました。

受刑者の様子を聞きますと、生活環境が変わることがもたらすものも大きいようです。そもそも罪を犯した人の多くが人間関係に問題があったと言われます。そういう意味では、何よりも「牛」という、物言わぬ生き物に寄り添い、生命の尊さを知ることができる環境に大きく救われているようです。だからこそ、病気になったら牛舎で朝までつきっきりで世話もします。誕生もあれば別れもあり、涙もします。忘れていた、もしくは初めて「生き様」ということについて考えるのでしょうか？　自分を愛することをできなかった人たちが、牛を愛し、生き物を愛し、自分を愛し、ヒトを愛することを思い出すのでしょうか？　私の授業でも「愛することは、愛されることとの交換」と話しています。

刑務所内で生き物と一緒に生活することで命の尊さを知るという試みは、海外でも採用されています。アメリカのある刑務所では虐待された犬と受刑者が同居します。しばらく、両者は睨《にら》み合うそうですが、終《しま》いには仲良くなり、その後受刑者は社会に戻り、犬は新たな飼い主と出会い、それぞれがそれぞれの道を歩むようになるとのことです。日本だと、犬に傷つけられたり、またその逆だったりという心配のほうが先走りしそうですが、アメリカは思い切っています。もちろん両者が傷だらけになって、その後仲良くなっていくというストーリーなら、映画にでもなると思いますが、そこらの注意もしながら、愛を育むというのもいい矯正の場かもしれません。

また日本の他施設では、少年、または高齢者向けに犬や馬による「アニマルセラピー」も進められています。こちらは生き物を通して自分自身の生きがい作りの後押しになればいいという考え方などからの取り組みで、網走刑務所（二見ヶ岡農場）とは少し様子は違いますが、どちらも息苦しく感じる人間関係から少し距離を保ち、生き物と共生することで感性を刺激するという素敵な試みだと思います。

「島根あさひ社会復帰促進センター」では日本盲導犬協会の協力を得て「盲導犬パピー育成プロ

グラム」を実施しています。このプログラムは受刑者が盲導犬の候補犬となる子犬（パピー）を生後60日から1歳になるまでの約10カ月間育てるものです。プログラムに参加する受刑者は、24時間子犬と生活を共にし、えさやり、運動等の世話をしながら、トイレトレーニングを始めとするしつけをするとともに、人間社会のルールを理解させ、子犬が人間と信頼関係を築き上げることができるようにします。本プログラムを通じて、受刑者に生命を慈《いつく》しむ心を涵養《かんよう》（水が自然にしみこむように、少しずつ養い育てること）させ、社会に貢献できる喜びを体験させることを目的としているとのことです。

そういう意味では動物だけではなく、植物にも命が宿っています。刑務所には他人の命を大事にしていない人ばかりではありませんが、他人に危害や恐怖を与えたりした人も多いことも含めて考えると、みんなに更生してもらい、明るい社会を作るという過程では色々な「命」に触れることは重要だと思います。もちろんその一番身近にいるのが「人間」という生き物です。同僚というのでしょうか、刑務所仲間も刑務官もみな人間なんですがね。ここが一番難しいのですね。

「塀のない刑務所」から逃避したのは？

私にすれば「安心してたの？　んなアホな！」と思わせたのが「松山刑務所大井造船作業場脱走事件」です。

２０１８年4月8日、愛媛県今治市の松山刑務所大井造船作業場から、27歳の男性受刑者が脱走する事件が発生しました。

報道によると、同年4月30日に広島市南区の路上で逮捕。脱走者によると「２０１８年4月24日夜、広島県尾道《おのみち》市の向島《むかいしま》と本州との間の尾道水道を泳いで渡った」そうです。向島と本州の間の尾道水道は最短で約２００メートルと距離は短いものの、普段の潮流は時速約４・９キロで、尾道海上保安部の職員によれば「船もエンジンを止めれば流される」（産経フォト　２０１８.５.１のニュースより）というくらい潮の流れが速く、水温も低いため泳ぐのは難しいことから、捜査員も島内にいると推測していたとのことです。

脱走に至った動機を調べると、受刑者は「同作業場には、受刑者内だけで作られた『自治会』が存在しており、会長、副会長、新人訓練係などといった序列が存在していた。自らの規律違反行為で序列を下げたことから、人間関係に疲れ果てて、大井の体制にも限界を感じていた」と告白しています。実際、「自治会」の内部ではいじめのような指導があり、下の立場の受刑者が自分の時間を持てず、奴隷のような扱いを受けていたと話しました。

彼は「開放的施設」と言われる、逃走防止のための塀や鉄格子を設けず、受刑者の自律を信頼して、社会生活と近似した開放的な環境に収容されていたにもかかわらず、そこでの生活に耐えかねて脱走したと言います。

こうした施設では、刑務官との「信頼関係」のもとに塀も鉄格子もない場所での生活を実現していたのですが、そのベースになる取り決めを裏切ってしまった罪状は大きいようです。その後、大井造船作業場の寮には監視カメラが付けられ、窓のサッシのガラスも割れにくいようにフィルムが貼られ、窓自体最後まで開放できなくなりました。脱走防止のためです。

実際にはこの工場に入所できる者は「凶悪犯、性犯、放火犯及び覚醒剤常習者ではない者」「作業場付近の地理に通じていない者」などの条件があり、厳しい面談の後に配置されていた者たちばかりです。法務省としてもこれらの施設の処遇に期待していただけに、本当に残念なことでした。

私は危機管理の専門家でもありますが、もちろん、「脱走の可能性を案じて、このような処遇施設は脱走の危険性が高いので施設運営を即刻やめるべきだ」なんて思いません。更生を目標にその施設ならではの在り方を進めることには大賛成です。

この「開放的施設」では、実社会に近い環境で矯正教育と職業訓練が行えることから、大井造船作業場の場合は２０１１~２０１６年のデータで出所後に再び刑務所に戻る「再入率」は６・９%と全国平均の41・４%を大きく下回っています。しかし、大井造船作業場では１９６１年の開設以来、今回をはじめ17件20人の逃走が発生しているのも現実なのです。しかも他の開放的施設では１９９０年以降、逃走は発生していないという中でのことです。

危機管理の側面で言うと、ここの脱走の原因は、塀や鉄格子の有無などのことではなく、問題は「所内コミュニケーション」だったと私は考えます。刑務所側の人は誰もが「お互いの信頼関係」の上に成立していると話されています。それは合っています。逃げやすいのに誰も逃げないという環境だけを論ずるのではなく、懲役としての労働を塀のない作業場で、それも一般人とともに働くことを許され、任されているという「自覚」が持てない環境だったのではないかということも考えたほうがいいのではないでしょうか。

「更生」の教育課程には、一人ひとりに応じたプログラムが必要です。簡単に段取りしてあとは他人に任せられるような流れ作業では決してありません。仮釈放の場面で言うなら無事に社会復帰するところまでの面倒を見ることです。ここで必要なのが刑務官や他のスタッフとのコミュニケーションなんです。

当たり前ですが、「尾道市向島と本州との尾道水道をよく泳いで渡ったなぁ」などと感心していてはいけません。また真似する人が出ないとも限りません。「ここらの海は人喰鮫・ジョーズが出るらしいで」くらいのデマは作業所内で回してほしいものです。

民間の力を借りた刑務所

「PFI刑務所という『民営』の刑務所がある」は間違いです。いつの間にか、民間企業が経営している刑事施設があるように誤解され、それをみなが勝手に「民営刑務所」と呼ぶようになってしまったのです。

「PFI」とは「Private Finance Initiative」の頭文字で、公共施設等の建設、維持管理、運営等を民間の資金、経営能力（ノウハウ）及び技術的能力を活用して行う新しい手法ですから、「民営刑務所」でないことは明らかです。ということで、「官民協働の刑務所」が正しいです。

「PFI手法」による刑務所には山口県美祢《みね》、島根県の島根あさひなどがあり、施設名には「刑務所」が付かず、「社会復帰促進センター」と呼ばれています。この手法が用いられたのは、処遇環境の悪化や刑事施設職員の過重負担を緩和するためです。元々、心身の発達段階にあり可塑性に富んだ初犯受刑者を収容して、徹底した矯正処遇等を実施するため、また、2000年代前半の厳罰化等で受刑者が増えて〝過剰収容〟が問題化したこともあり、その解決策として導入されたものでした。

ただその後、少子化も進み、単純には言えませんがそれに比例して収容者数も減り、こういった施設を含め、全体の数自体の見直しも一気に進んでいるのが現状です。

またシャレではないですが、ここの「民」に参画しているサービス会社にセコムやALSOK、セントラル警備保障などが入っています。ここはなるほどですね。本業の「不審者、誰も中には入れない！」を実現する力を頼りに、「収容者、誰も外には出られない！」をお任せしているということでしょうか。

「PFI手法を用いた刑務所」の特徴を紹介しましょう。各センターの居室の窓は鉄格子ではなく、強度を高めたガラスを使い、保安性能を確保するとともに開放的な空間を実現しています。これを可能にしているのが、「位置情報把握システム」です。受刑者に無線タグを装備し、リアルタイムに位置情報を把握しているからできる技だそうです。

結果として、刑事施設に初めて収容された者の再入率で比較した場合、これらセンターは全国平均よりもかなり低い水準にあるとのことでした。ただ私が講義で訪問している刑務所と比較しますと、「PFI刑務所」に入所できるのは犯罪傾向が進んでいない者など限られていますので、再入率が低いのは当然だと言えます。この「PFI手法による刑務所」の事業期間は20年間で、2025年3月末までです。どの仕組みをどう残すかなどの議論が始まっています。

ただ現在は限られた施設だけではなく、競争の導入（入札）による「公共サービス改革法（公サ法）」で全国の刑務所では民間委託を広く行えるようになっています。

実は「PFI手法による刑務所」が生まれた背景には「町おこし」がありました。

町の過疎が進む中、「町おこし」の目玉としての「刑務所誘致」というわけです。2000人規模の刑事施設を作れば、職員を含めて3000人近い人間が増えることになります。そしてそれに紐づく「地方交付税」が増えると踏めます。というのは、収容者は刑事施設の「住民」として計算され、地方交付税交付金は住民人口に基づき算定されるものだからです。

こうしたことは、吉本興業在籍時に聞いたことがありました。私は地方都市での「町おこし」の活動をしていましたが、「町おこしでは、人が増えることを考える」といった考え方をもとにアイデア出しをしているミーティング時に、この「刑務所誘致案」を知ったのです。

刑事施設として、本来の目的は「更生」です。ハイテクを活用した最新鋭の管理運営もいいですが、そうしたテクノロジーの実験場になっている場合ではありません。更生は、刑務官他の職員の生の教育なくしては成し得ないことです。

あともう1点、気になることがありました。これらセンターはもはや〝監獄〟などと呼べる環境ではないということです。受刑者は施設によって「訓練生」や「センター生」と呼ばれ、ベッドやテレビ付きの個室に住まい、自由に所内を歩ける様子を聞くと、被害者や被害者家族はどう思うだろうかというところです。ここには殺人犯も強制性交犯も放火犯も暴力団関係者もいません。そういった中で再犯率が低いことはよくわかります。自慢するなら再犯率ゼロ%を謳える施設になってほしいと思います。そしてもっと願ってもいいならやはり「ＰＦＩ」の経験や取り組み、その「技」が、他の男女の刑務所などで生かされることを望みます。

矯正処遇とは？

「矯正処遇」とは簡潔に言えば、「人間を矯正するために何をするのか」です。

刑務所などの矯正施設における受刑者の処遇については、「刑事収容施設及び被収容者等の処遇に関する法律（刑事収容施設法）」において、「その者の資質及び環境に応じ、その自覚に訴え、改善更生の意欲の喚起及び社会生活に適応する能力の育成を図ることを旨として行うもの」（第30条）と規定されています。そうなんです、犯罪者に更生してもらうための刑事施設はすべて、何に関してでも明文化されているのです。

具体的には、受刑者には矯正処遇として、刑務作業及び各種指導が行われます。そして矯正処遇は処遇要領に基づいて行われます。

受刑者の処遇に関しては、元々１９０８年に施行された「監獄法」が２００７年に廃止となったことで大きく変わりました。

明治時代に生まれた「監獄法」は「自由を奪い、罪の重さを知らしめる」というものでしたが、２００６年に「刑事施設及び受刑者の処遇等に関する法律」が制定され、２００７年に名称を変更して施行された「刑事収容施設及び被収容者等の処遇に関する法律」は「矯正施設として収容者を更生させて世に戻す」というミッションを持ったものに大きく改正されました。法律というものは生き物と同じように、時代に合わせ変化し、成長もして行くもののようです。ルールや取り決めによって策定されたものは、正に時代に即した「道徳」「常識」「人道」であり、人間形成のための教典とも言えます。そういった意味で100年間通用させた法が時代に寄り添うことで今のものに生まれ変わっています。

刑事施設の話をしましょう。

法務省矯正局の資料によりますと、2022年4月現在、刑事施設には以下のものがあります。「矯正管区」は法務省矯正局の事務を分掌する地方支分部局で、全国に8つあります（札幌・仙台・東京・名古屋・大阪・広島・高松・福岡）。そしてその下に「刑事施設」が全国に178あります。うち刑務所は59、少年刑務所は6、拘置所は8あります。

ここで「矯正局」の2021年度予算を見ますと、2380億円とあります。これは法務省全体の予算8000億円から見ますと3分の1弱になっています。ちなみに、2022年11月に法務大臣が「死刑はんこ」発言などで辞任しましたが、そのときの失言がこれです。

「法務大臣というのは、朝、死刑のはんこを押して、昼のニュースのトップになるのはそういう時だけという地味な役職だ。（中略）外務省と法務省は票とお金に縁がない。法務大臣になってもお金は集まらない。なかなか票も入らない」（NHK NEWS WEB「葉梨法相『死刑のはんこを押してニュースに 地味な役職』発言」2022年11月10日より）——だからなんだというわけではありませんが。

２０２２年6月13日には、刑法等の一部を改正する法律が成立しました。この改正により「懲役刑」「禁錮刑」が廃止され、「拘禁刑」として単一化されます。ちなみに、刑罰の種類が変更されるのは、１９０７年の刑法制定以来、１１５年ぶりになります。

「拘禁刑」に処せられた者には、改善更生を図るため、必要な作業を行わせ、または必要な指導を行うことができるとされています。

体力や認知機能が衰えた受刑者も増え、一律に刑務作業を行わせることが難しいといった問題も生じてきたこともあり、今回の法改正により創設されたのが「拘禁刑」です。変更点で言うと、従前の懲役刑の「刑務作業が義務ではなくなる」ことと、再犯防止に向けた「改善更生」のための柔軟な処遇が期待できるということが大きなポイントと言えます。

再犯率の高さに対してどの角度で取り組むか、その視点を変える法律ができましたが、その前に、いかにして犯罪を増やさないかなどの問題は、家庭問題や教育などの一般社会に起こる問題を根源から見て変えていかなければならないと考えます。

私が刑務所に通っている中で毎回念頭に置いているワードは「やり直しが利く人生を！」「被害者を出さない社会作り」です。再犯防止のための「改善指導」の担当者として私のような民間人、しかも教育界からではなく、エンタメ界、それも吉本興業から現れ出た者が心に決めて伝えたいことがこの二つです。

大阪人の損得勘定ではありませんが、彼らの刑務所での生活費や指導や管理にかかる費用にも税金が投入されています。ですので彼らが１日でも早く刑務所から出て社会に復帰し、正業にも就き、納税してくれるようになったら、それが若干であっても社会貢献、社会還元になるということを信じて喋り続けています。

法務省の資料によると、施設内にいる1630人に聞いたところ「もう二度と犯罪はしない」が約85%。「出所後はきちんと仕事をして規則正しい生活を送りたい」が約78%とありました。

ところが出所受刑者の2年以内再入率については、2019年の満期釈放者では23・3%となっており、同年の仮釈放受刑者の再入率（10・2%）と比較すると依然として2倍以上高いです。仮釈放ももらえず、刑期満了で退所した人たちの社会復帰率の低さには寂しさを覚えました。大きな要因のひとつは「帰る家がない」ということです。継続される人間関係がないということは、「コミュニケーション力」が足りないということです。だからこそ私は、「コミュニケーション力」は人を助け、人に助けられる原動力であると信じているのです。

新型コロナの影響は!?

皆さんは「コロナ給付金」の申請のことなどを覚えておられますか？
もう数年前のことなんで「もらってすぐ、生活費で使ったわ」という人も多いと思いますが、あの給付が決まって国民にそれが伝えられた日、刑務所の中ではどうだったと思いますか？　考えたこともなかった方がほとんどじゃないでしょうか？　自分自身が喜んでいて、他のことは気にしていなかったのではないでしょうか？

あれは２０２０年4月のことでした。次のような発表がありました。

「『新型コロナウイルス感染症緊急経済対策』が２０２０年4月20日に閣議決定されました。感染拡大防止に留意しつつ、簡素な仕組みで迅速かつ的確に家計への支援を行う目的で、一人につき10万円の『特別定額給付金』が給付されます」

実はですね、もちろんですが、受刑者も全員給付されたのです。当然、彼らも塀の中にいても国民ですから。当時、全国の総入所者数は約４万３０００人でしたので、給付額は43億円ほどになりました。ここで腹を立てたり、怒っても仕方ありません。国民に平等に給付すると決められたんですから。

受刑者が刑務所で働いてもらえる「作業報奨金」のほうは、短期から無期の懲役の人もいるので、ザッと平均で言うと月に5000円弱として、年間での報奨金の合計額は6万円です。そこへ一時金で10万円給付ということですから、全員が飛び上がって喜びました。

さて受刑者はどのように申請の手続きをしたと思いますか？　申請方法は郵送またはオンラインとのことでしたので、パソコンやスマホなどに全く縁のない収容者全員が郵送での申請を行いました。

給付対象者は基準日（2020年4月27日）時点で住民基本台帳に記録されている人ということなので、住民票登録のある役所への申請の準備に入ります。

中には刑務所に住民登録をしている人もいますので、その人は刑務所の所在地で申請します。住民票が元々住んでいた住所にある場合はその住所の市町村に請求をすればいいのですが、その住所に世帯家族がいるとなると、世帯主からの申請が可能なので、家族に給付金が行ってしまう可能性もあります。世帯主と仲良くしている受刑者で、その家族に給付金が行ってもいい人は別として、そうでなければこの大金を何とかして自分が手に入れたい人は、1日でも早く自らがその市町村に申請せねばならないので、刑務官に申請の手伝いを必死でお願いしたそうです。

また住民登録がどこにあるか本人がわからない場合や、どこにもないと思われる人もいますので、住民票の登録先を探し出すか、住民票登録がないのが確定できたら刑事施設に新規で登録することもできるので、そこも必死で刑務官に頼み込んだようです。

皆さん覚えていますか、申請時に身元の分かる物のコピーを同封したことを。確か免許証やパスポートの写しを出したはずです。そしてそこには振り込み先の銀行か郵便局の口座番号も必要でした。

しかしそこはさすが、刑務所です。銀行や郵便局に口座を持っていない人も多いので「例外的に現金書留による給付を行うことも差し支えないものとする」との見解を政府が公表してくださいました。親切です。

実際は刑務所からの申請に関しては、徹底的な本人の身元確認もできているので、身分証明になる写しもいらないし、振り込み先の口座も不要でした。そして結果として10万円が送られてきたのです。

その給付金の使いみちは様々だったようです。いきなり欲しかったアダルト雑誌を買った人がいたという話も聞きました。お年玉をもらったみたいな気持ちだったんでしょう。あとは下着や石けん、ノートなどの日用品を購入した人も多かったようです。本当にある意味、驚きのボーナスです。

コロナ禍といえば、そんな状況のなか、刑務作業はどうなっていたのでしょうか。まずコロナワクチンは国の方針に則り所内で順次、接種していきました。インフルエンザも流行《はや》る前に高齢者から順次接種していきます。

しかし作業現場で言いますと、所内工場は全面的に稼働停止。そのため作業も中止になりましたが、決められた時間に部屋で書面などによる「教科指導」を実施していたそうです。

ただ作業が可能なところもあり、そのような工場では、安全確保の下、刑務作業も行いました。

もちろんその分の報奨金は出ましたが、作業時間がいつもの8時間には及ばないので、（正しい言い方ではないですが）収入減という影響も出たようです。

クラスターを起こしてしまった刑務所も出ただけに、よりソーシャルディスタンスに配慮する必要が出てきたため、今まで行っていた運動は制限されました。運動量も減っているので、食事もそれに合わせてカロリー調整も必要です。食事もそれぞれが壁側を向いて食べるように変更したり、講堂など広い場所に移動して、間隔を取ったりしながらの黙食に変更されています。マスクは個人で購入することなく、1日1枚単位で配給。ある刑務官に聞きますと、〝アベノマスク〟はその刑務所には回ってこなかったようです。

またコロナのお陰で、面会ができなくなった人とのやり取りに、専用回線を使ったテレビ会議システムの利用が一気に増えたとのことです。オンライン会議では、職員間の会議や受刑者の釈放前の面談、その他の打ち合わせ、報告、相談なども行われたようです。また作業は止まったりもしましたが、外部の企業からの作業発注などの受付もオンライン化されました。一般企業と同じようにこの数年前までは考えられなかったネットワークの発達が一気に進んだのです。

最後に刑務所が大忙しになったという話をします。全国の医療機関で感染症を防護するために使用されているアイソレーションガウン（個人防護具）については、その多くが海外からの製造輸入に依存していたため、その不足が深刻な問題となりました。この状況を踏まえ、縫製設備を有する全国42カ所の刑務所（支所を含む）においては、2020年5月中旬から2021年3月末までの間で、約１４０万着を製作し、都道府県等を通じて、医療機関に送付しています。

受刑者も「ガウンを作ることで助かる人がいると思うとやりがいを感じる」と話すなど前向きな姿勢で作業に取り組み、社会の一員としての自覚や自己肯定感の向上につながったということです。

このように、コロナによって刑務所においても様々な作業がストップしましたが、以前にも作業が止まった時がありました。２０１１年3月11日の東日本大震災が起こった日です。東北地方の刑務所も蛍光灯が落下したり、棚が倒れたり、少なからず建物や工作機などに被害も出ました。その時は作業が中止になり全員居房で待機になりました。後日談ですが、刑務所の中でも東日本大震災の義援金の募金も行われ、法務省によれば、その年の6月11日までに、８２３５人の被収容者から合計６１６９万５８９５円もの義援金が集まったということです。１人平均約７５００円になる計算です。人の痛みを共有する受刑者もたくさんいることをお知らせしておきます。

仮釈放と満期釈放の違い

私は刑務所に何度も入所しましたが、「釈放」という形で中から外に出たことはありません。いつも自力で脱出させてもらっております。

そこで「仮釈放」と「満期釈放」について説明します。どちらも塀の中にいる人が塀の外に生きて出るということですが、違いがあります。

まず「仮釈放」とは、刑法第28条に定められた釈放の手続きのことです。懲役又は禁錮に処せられた者に「改悛の状」があるとき、「有期刑」についてはその刑期の3分の1を、「無期刑」については10年を経過した後、行政官庁の処分によって仮に釈放することができるというものです。

簡単に言うと「仮釈放」は懲役刑や禁錮刑を受けている人を「満期の日を待たずに途中で釈放します」という制度です。

「仮釈放」とは「仮」と付いている通り、仮釈放期間中に娑婆に戻った時は、「出所者」とは呼ばれますが「受刑中」であることには変わりません。仮釈放期間中に問題を起こせば仮釈放が取り消され、再び刑事施設に収容されることになります。「仮釈放」で出所しても残りの刑期がなくなったわけではなく、残りの刑期を娑婆で生活して費やしていくということです。

この仮釈放の判断にあたっては、本人の資質、生活歴、刑務所内での生活状況、将来の生活計画、後の環境に加え、悔悟の情、更生意欲、再犯のおそれ、社会の感情を考慮するとされています。そしてこの仮釈放が認められるためには、

・帰省先があること（更生保護施設でも可）
・引受人になってくれるような頼れる人がいること
・被害者がいる場合には和解が成立していること
・働き先が決まっていること

などが重要な要素となっています。この仮釈放が認められれば、だいたい釈放日の2週間程度前から、一般の部屋に近い「仮釈放準備寮」などという居室に移ります。そこで徐々に社会復帰の練習です。もうその間は刑務作業はなくなります。

刑務所内の居室ではそもそも受刑者みずからが扉を開け閉めすることは想定されていないため、ドアノブすら付いていません。部屋の中も、衝立1枚の仕切りがあるだけのトイレが設置されているような住環境です。そのため準備寮で社会一般の生活スタイルを学ぶことになっているのです。

やっと出てきました、私の出番です。私の指導員としての役割は、ここの場面での「釈放者向けの講義」がメインなのです。多くは「満期釈放」者向けですが、「仮釈放」者向けもやります。「改善指導」のプログラムの中に「コミュニケーション能力アップ」なども織り込んだ講義です。

さて皆さん、彼らが収容されている間は、私たちの税金が投入されていることはご存じですよね。受刑者1人あたりザッと年間の経費が400万円とも言われています。今日現在収容されているという4万人を掛けてみると、1600億円ですね。

ここは「税金だから仕方ない」で納得が行かない人もいるかもしれません。大切な税金を受刑者の更生に充《あ》てているわけで、当然、施設内での生活維持にも使われています。そういう視点で見ると、仮とは言え、受刑者が1人でも満期を待たずに釈放されて塀の外に出て、娑婆で生きて行ってもらえるとなると、元々施設で必要とされていた経費の幾ばくかは不要になるというものです。

ここまで書けば読者の皆さんがお察しの通り、「満期釈放」の人とは「仮」をもらえず、刑務所に入る前、裁判所で言い渡された懲役の期間をきっちりと最後の最後までこなし、刑期満了後に釈放される人たちのことを言います。仮釈放が認められるときの幾つかの要件は関係なしに、施設を出されてしまうのです。延泊もできません。

映画の1シーンではないですが「川面に我が身を映し、襟を正し、心の垢をぬぐいおとす目的で岸に渡るように」と網走刑務所の前の鏡橋《かがみばし》の上から自分の姿を写すと言われるように、1人きりで橋を渡って社会復帰せねばならないのが現実です。

残念ながら「仮」をもらえなかった人々も目指していたのは入所日以来「仮釈放」だったはずです。娑婆で残りの罪の日々を償うというものを何とか手に入れたかったはずです。

釈放までの期間について法律では「有期刑についてはその刑期の三分の一を、無期刑については十年を経過した後」と書かれてありますが、これがそんな簡単な掛け算や引き算で済むわけがありません。確かに法律の定義ではありますが、単純計算で釈放されることはありません。右記のように釈放を手に入れるには「本人の資質、生活歴、刑務所内での生活状況、将来の生活計画……」が問われるのです。何カ月も何年もの態度や振る舞いで判断されるのです。

獄中結婚の闇

実は刑務所の中にいてもできるビジネスがあります。とは言え、フィリピンの刑務所でもないので、塀の中には自由に使える電話もパソコンもないし、「ビジネス」と言われてもピンときません。しかし受刑中にお金儲けする手段があったのです。

ただこの項の話は正確さを欠きますので、「信じるも信じないもあなた次第」と言わせてもらいます。

こんな話を聞きました。男子刑務所で懲役が10年ほどある受刑者は、真面目に過ごした結果、仮釈放がもらえることになったとしても、最低でも7年や8年は服役することになるでしょうから、その中の独身者にはこんな声が掛かることもあるようです。

A「お兄ちゃん、わしの知り合いと結婚せぇへんか」（なぜか関西弁）

B「なんですのん？」

A「知り合いの女性を紹介するから、結婚してや。毎月生活費を振り込んでくれるわ」

B「会ったこともないのにいいんですか？」

A「ええやん。オレもその娘も気にしてへんから。お兄ちゃんも気にせんでええよ」
B「いやぁ、嫁さんをもらうなら、気になりますよ」
A「毎日一所懸命に働くと言うてるから心配せんといてや」

全く説得力のない話ですが、このままBは獄中結婚をして、外国人女性の旦那さんになるというものです。在留資格のない外国人が日本人と結婚すれば「日本人の配偶者等の在留資格」を取得できることになります。そうなると職種や就労時間等の制限もないため、日本人と同じように働くことが可能になります。

そういう意味でAの知り合いの外国人女性は何の心配も気兼ねもなく日本で働いて稼げますので、当然旦那さんであるBには毎月の振り込みが、ガッパガッパ、いえチャリンチャリンと入る仕組みです。これを「三方よし」と言うのか「知らぬが仏」と言うのかは知りませんが、視点を変えれば、形式的であっても婚姻届を提出し入籍すれば夫婦関係になれますし、約束通り毎月送金してもらえればそのお金は刑務所で預かってくれます。もちろん送金が突然来なくなっても文句を言いに行くところがないかもしれません。ここはリスクですね。逆に「もういいわ」と思い、Bから離婚の手続きをしようと思っても、大変だと思います。なかなか別れてくれないと思います。

またこんな話もあります。

刑務所の中で仲良くなって、電話番号やメール、中には自宅や実家の住所を交換して「出所後も仲良く力合わせて、生きて行こうな！」などと言っておいて、先に出所して、聞き出していた住所を訪ね、出てきた奥さんや両親に言葉巧みに欺き「お金を貸してあるので全額でなくてもいいので、少しでも先に返してほしい」などと言い寄って現金を巻き上げるやつがいます。または、「少しでも早く（私のように）仮釈放が出るように動きますので、少し資金援助してください」などと言って金を巻き上げる輩。人の弱みに付け込んでの悪事を働く者です。

残された加害者の身内・家族（「加害者家族」と呼ばれます）の弱みを狙うとは卑劣です。収容されている者を持つ家族は辛い生活を強いられています。実際、当事者は刑を執行され、刑務所にいるのですから、残された加害者家族の中には引っ越しを余儀なくされることも多く、そうなれば子どもも転校です。また離婚して名字を変える人も出るほどです。そんな苦しい生活環境であるにもかかわらず、同じ刑務所で一緒だった者が受刑者の家族を襲うとは許せません。刑務所では、私のもそうですが、「出所後、真っ当に生きて行ってくれ！」という思いを込めた講義と特別プログラムを並べているのですが、出所後、脱線する者が後を絶たないのです。

実は刑務所では家族などを守るため、また危機管理のため、電話番号や住所などのプライベートに関しての情報は受刑者同士で伝え合わないようにと教えたり、注意事項として喚起しているくらいです。

また、こういうことが昔ありました。１９６８~70年頃に大阪刑務所内の印刷工場で、ある大学の受験問題用紙が印刷されていました。そこで悪党は入試問題を抜き取り、受験生の親に売ろうということを考えました。問題用紙を印刷ミスした物のように見せかけ、用紙を上手く抜き取り、それを運動の時間にバレーボールの中に仕込み、刑務所の外にわざとボールをほうり出し、仲間にこのボールを回収させていたのです。

そして外の輩は大学受験生を集め、この試験問題で勉強させ、何人もの合格者を出していたと言います。不正が発覚した前年は全員が不合格になったようですが、それまでの期間に不正で合格していた者がどれ位いたかなどは正確にはわかっていません。当時の報酬は、なんと受験生1人に付き1000万円程度だったとのことです。

この悪党チーム、最終的に仲間の全員が出所してしまったので、終いには自らが外から塀を乗り越えて中に侵入し、試験用紙を盗んでいたそうです。

刑務所・受刑者のプチ情報

私のよく行く刑務所では、多くの受刑者の運転免許証の色はゴールドです。

ゴールドは5年以上無事故・無違反を守っている優良ドライバーがもらえるものです。改めて確認しますと、ゴールド免許を取得する条件は、以下の3点です。

・運転免許証を5年以上継続して保有している
・誕生日の41日前から過去5年間無事故・無違反である
・重大違反教唆幇助、道路外致死傷がない

なので、免許証を5年以上持ち、塀の外に出て車や単車を運転することのない彼らの多くは「ゴールド・ライセンス」所有ということになります。ロングステイという中、運転をすることもない環境で「優良」とは変な話ですが、そういうものなんです。ちなみに免許の書き換えは刑務所の職員が代行してくれるとのことです。もちろん使用することのない免許証は施設の特別領置（その占有を刑事施設に移して行う公法上の管理行為のことで基本、出所時まで保管されること）になります。

またこういうのもあります。平日の昼食後や午後、運動時間は多くの受刑者が気合を入れて体づくりに精を出します。筋トレに励む人が多いので、受刑者の中には腹筋は割れ、シックスパックになっている人もいるようです。運動会のあの日、グランドで軽やかに駆け抜けたランナーもきっとそうなんでしょう。

カロリー計算された食事と規則正しい生活。そして何よりも酒、タバコ、間食なしの生活がいかに体にいいかという証明のようです。男子刑務所では１２０センチのウエストが80センチになった受刑者もいるようです。そういうところからも、釈放後に健全な生活を送れる最低限の条件は整えられると言えるのではないでしょうか。とは言え女子刑務所を訪問した時、スレンダーガールは少なかったような印象でした。運動をしている人が少なかったのかもしれません。休憩時間にはお喋りばっかりしてたのかな、などと想像しました。

そして「部活」についてです。

慰問などで文化的な出し物に触れることは精神衛生上良い効果があると言われています。また、刑事施設の中では「芸術的情操教育」ということで部（クラブ）活動も行われており、活動は基本的に平日の午後、夕食後の時間を使って行われています。施設によってクラブの有無はありますが、ザッと全国のクラブを男女施設、関係なしに列挙してみましょう。

調べてみると、コーラス、カラオケ、絵画、墨絵、書道、俳句、短歌、珠算、ヨガ、エアロビクス、囲碁、将棋、詩吟、英会話、中国語会話、華道、文章、点字、パソコン、写経、陶芸、断酒、太極拳、ペン習字、フルート、折り紙、バンド、簿記などなどがあるのを確認できました。

規則正しい生活の中で新たなことに挑戦したり、集中したりすることで、改めて自分を見つめ直すことにもなるとのことで、良いことだと言えます。私の授業でも「自分を知ろう」ということを何度も話しています。自分を知り、自分が自分自身を愛することこそが娑婆で生きていくために重要だと考えているからです。情操教育には他に「科学的」「道徳的」「情緒的」などの領域があります。

あと、これはどうですか？　刑務官は普段、拳銃を携帯しているでしょうか、どうでしょう？　また日本の刑務所も塀の角々にはショットガンを持った人が24時間警備をしているのでしょうか？

答え。刑務官は拳銃を使えますけれど常に携帯はしていません。またショットガンで警備をしている人はいません。刑務官は勤務中、ほとんど丸腰です。これは世界的に見ても珍しいことだそうです。ただ法律では「暴動」や「重大な危機」「凶器の携帯」などが認められた時は武器の使用は認められています。

実際には拳銃に触れるのは初等科集合研修の時ぐらいだけだそうです。弾も訓練用の物を使うようで、訓練時は十数発を撃つだけだそうです。拳銃は普段、刑務所では使うこともないので、大事にどこかに保管してあるのでしょう。

折角ですので、現在、日本で拳銃の携帯・所持が許可されている職業を調べてみました。

警察官、自衛官、海上保安官、税関職員、入国警備官、入国審査官、麻薬取締官、麻薬取締員、

在日米軍基地の日本人警備員、刑務官などです。過去には郵便配達人も持参していたそうです。郵便配達人は配達中の現金が奪われることから身を守るため１８７３年から１９４８年にかけて「郵便物保護銃」と呼ばれる拳銃を護身用に携帯していたとのこと。ですので郵便配達人は実は日本で一番最初に拳銃の所持を認められた職業だそうです。

あと、これは余り大きな声では言えないプチ情報ですが、刑事施設のまわりの建築物の高さ制限などはないようです。「風営法施行令」第６条では風俗営業の許可に係る営業制限地域の指定に関する条例の基準を定めています。例えば住居が多数集合しているところや、都道府県の条例で定めた施設（学校、図書館、病院など）があるところでは、お店を出すのが制限されるとのことです。

ところが刑務所のまわりには建物の高さ制限もないからでしょうか、私も目にしたのですが、ある刑務所の真横に建っているアパートの２階で洗濯物を干す女性が丸見えなんです。午後の運動の時間など塀の中から見えるということは向こうからもこっちが丸見えなんです。それがどういう意味があるのかを私は知りませんが、そういった現実があるということです。

毎日、運動の時間に決まって洗濯物をベランダに干しに出てくる女性とは誰なのか、想像するだけで気になります。またいずれ近い将来、ドローンが飛んできて脱出劇があるかもなどと……妄想してしまいます。

受刑者の手紙の発受

刑務所には「外部交通」と呼ばれるものがあります。私にすれば電車やバスに乗る「交通」しか知らなかったのですが、字の如し、受刑者は外部の家族や友人、または弁護士などとの文書や面会による交流のことを「交通」と言うとのことでした。確かにこれも「交通」ですね。「外部交流」にすると何か爽やかですから、刑務所には「交通」が似合っていると思います。

この「外部交通」には第１に「面会」、第２に「手紙（信書）の発受」、第３に「差入れ」などがありますが、まずここの項では第２の「手紙（信書）の発受」について書きましょう。

まず「刑事収容施設及び被収容者等の処遇に関する法律」の第１１０条では「面会、手紙」などの外部交通が受刑者の改善更生及び円滑な社会復帰に資するものである、とあります。そういう意味では３つの「交通」は更生に関しての励みになると認められているということです。

受刑者が手紙を「受け取る回数」には制限はありません。以前は親族以外からの手紙は原則として許可されていませんでしたが、２００６年の法律改正により、現在は原則、誰からの手紙でもやり取りが許されています。ただし発受の差止めなどの措置を受けている者、翻訳費用の不負担、閉居罰の執行中の者などは発受が認められません。

また書信業務の担当の刑務官に手紙の内容を検閲されます。内容に問題がなければ受刑者に渡されます。

例えば、受刑者本人が自分の友人・知人と手紙のやり取りをしたい場合は、申請書に相手方の住所・氏名などを書いて刑務所側に申請すると、刑務所側が審査をして許可・不許可を決めます。この審査で許可された相手となら手紙のやり取りは可能になりますが、不許可と判断されてしまうと、手紙が届いたことは告知しますが、手紙は受刑者本人には渡されずに領置となるのです。

一度も面識のない人から手紙が送られた場合は、刑務官が受刑者に対して「○○という人から手紙が届いたが、これから手紙のやり取りを希望するなら申請しなさい」と言われます。

また不許可になる相手とは、共犯者など事件の関係者であったり、明らかに暴力団関係者とわかる相手だったりする場合です。また内容検査の結果、暗号が用いられるなどして施設の職員が理解できない内容がある場合なども認められません。刑務所側としては、受刑者の更生の妨げとなる可能性のある相手と判断した場合は、手紙などの交流は許可しません。当然といえば当然です。手紙は一般社会とのトンネルですから、不要な情報の行き来は許されません。

そして、受刑者が手紙の発信を申請する回数は、受刑者が指定されている優遇区分に応じて異なります。「優遇区分」とは、受刑態度に応じてより良い待遇を与えるというものです。ここは頑張りどころです。外部との交通は塀の中で生きて行く励みになるからです。多くの回数を望むのは当然でしょう。

「加点と減点基準」については、以下のポイントが見られています。

「日常生活等の態度」「賞罰の状況」「作業への取組状況」「各種指導への取組状況」「資格の取得状況」などです。

ところで「手紙」では誰とどんなやり取りをしているのでしょうか？　映画の題材にもよくなりますね。東野圭吾原作の『手紙』は山田孝之、玉山鉄二出演で映画化されました。

実は私の改善指導の中で「最近の不安は何ですか？」と聞いた時、「友人から定期的に届いていた手紙が来なくなったことです」と答えた受刑者がいて、本当に寂しそうにしていました。手紙のやり取りは外界とのつながりを感じる唯一のホットラインと言えるのでしょう。

塀の中の高齢者

２０２２年版の『犯罪白書』によると、１年間に検挙された「刑法犯」（殺人・強盗・放火・強制性交等・暴行・傷害・窃盗・詐欺などの犯罪）のうち65歳以上の高齢者が占める割合が過去最悪の23・６％に上がりました。

総務省の国勢調査人口によると、我が国の総人口は、２０２２年８月１日現在、１億２５０８万人で、高齢者人口（65歳以上）は、３６２５万人（総人口に占める割合は28・９％）です。

総人口に占める65歳以上の者の割合が21％を超えると「超高齢社会」と呼ばれます。そしてこの言葉をお借りすると、検挙された高齢者たちの割合も全体の21％を超え、塀の中も「超高齢社会」に入ってきていると言えます。

そもそも高齢者は「オレオレ詐欺」などの特殊詐欺等の被害者としての顔も大いにありますが、一方では万引きなどの窃盗から入所してくる「高齢犯罪者」としての存在も目立っているのです。どっちにしても困ったものです。まさに現在の日本が置かれている「超高齢社会」が結果的に被害者、加害者のどちらをも増やし、振り子が大きく振れているように見えます。

ちなみに「万引き」という言葉は刑法にはありません。法律上でいえば、「万引き」は「窃盗罪」にあたります。「万引き」という言葉は江戸時代から使われていたようで、幕末から明治にかけて活躍した歌舞伎狂言の「白浪五人男」に「いや、文金高島田のお嬢さんが万引きしようとは気がつかねえ」というセリフが出てきます。ただそろそろ「万引き」を止めて「窃盗」に統一してもいいと思います。どうも言葉に軽い感じがあります。

ついでに「万引き」に関して言えば、いま、店側の「万引き対策」として有効なものは、「店員の声がけ」が一番大きいそうです。警視庁生活安全部の調べによると、「窃盗犯」が万引きすることを思い立った理由として「店員の数が少ない」「死角が多い」「警備員が少ない」「店員が無関心」等が挙げられていました。ということで気が付いたんですが、「挨拶」が効果があるのではないでしょうか?

確かにコンビニで店員さんに精算の時以外に声がけされたことはないですし、最近のスーパーでもそうですね。あるとすれば昔ながらの市場みたいな構えの店で、「奥さん、今日はこれが安いですよ!」「これ晩御飯のおかずにいいですよ!」なんていう挨拶がコミュニケーションの基本になっているような所です。

積極的に店員がお客さんに声がけしていくことが「万引き除《よ》け」に効くというなら、もっと挨拶をしてもいいかもしれませんね。活気も出て商売にもプラスになると思います。お店の人、もっと声を出して行きましょう!

さて、ここでいま一度、刑務所の中に話を戻します。

入所受刑者のうち、入所時の年齢が60歳以上の者などに対しては「認知症スクリーニング検査」（神経心理検査のひとつ）が実施され、認知症が疑われると判定された受刑者に対して、医師による診察を実施する取り組みを行っています。認知症が軽犯罪を起こす原因になるとも言われていますので、まずはその検査をして、その後の処遇を決めるのです。

普段、刑務所の中では受刑者は自分たちの居房から工場に歩いて向かいますが、高齢の受刑者の中にはシルバーカー（手押し車）で体を支えて、列の一番うしろをゆっくり歩く人がいるのを何回か見かけました。もちろん移動の不自由だけでなく、手先の問題があれば工場での作業の内容も限られてきます。

高齢受刑者の処遇の実情として、加齢による体力の減退、疾病率の高さ、新しい技術・能力を身に付けることの困難さなどといった問題があり、各刑事施設においてはこれらを考慮し、その受刑者に合った処遇上の配慮を行っています。

刑務所の栄養士に聞きますと、食事に関しても受刑者に合わせ、食べやすく、食材を細かく刻んだり、ペースト状にしたりする物もあるようです。また食事を取るのに時間が掛かるので、他の受刑者よりも一足早く食堂に移動して食事を始めてもらっているようでした。さらに持病やアレルギーを持つこともあるので、カロリーや塩分などへの配慮も必要だということで、１食分を作るのに20種類近くの食事を用意することもあるとのことでした。忘れてはならないのが食後の薬の服用で、こちらも重要です。間違えると生命に関わる危険性もあります。これも本人任せにはできない人もいます。

午後の作業が終わると、入浴タイムですが、脱衣所から浴室まで、手すりが取り付けられています。高齢者が転んで怪我などしないようにという配慮からです。脱衣所の隅には「ゴミ箱」が置かれています。それはオムツ専用のものです。食事や排泄をするのに手助けが必要な人もいるからです。

この様子、ここにいる人たちが全員、受刑中であるということを除けば、良くできた「介護施設」であるように見えます。それも全部、〝無料サービス〟です。

被害者家族にすればそのような充実した介護サービスや無料の医療行為も認めたくないと思うかもしれません。ただ私がここで頼りとするのは憲法第13条「すべて国民は、個人として尊重される。生命、自由及び幸福追求に対する国民の権利については、公共の福祉に反しない限り、立法その他の国政の上で、最大の尊重を必要とする」というものです。私は、罪を犯したことは素直にそれを認め、刑事施設で「更生」して、その後、社会復帰するという形でいいと考えています。もちろん、個々のことでは色々と問題点もありますし、時代とのズレは感じていますが、ここは憲法の精神に立ち戻りたいと思うのです。

高齢化により、手押し車で移動、ペースト状の食事、介護問題、高額医療、限られた仕事、家族や友人と絶縁、就職難……。どうですか、刑務所内のキーワードの全ては塀の外の日常と全く同じですね。

改めて刑務所は「日本の縮図」と言えることを確認した思いです。

選ばれて行く「網走刑務所」

読者の皆さんの地元に刑務所があれば、興味もあって、どういった罪名の人が何人ぐらい収容されているかを知っている人もおられるでしょうし、知り合いが中にでもおられたら刑務所情報も集められているのではないかと思います。一方でほとんど刑務所に興味がない、接点もない方も読者のなかにはいると思いますが、そんな人にとっても名前だけはよく知っている刑務所と言えば、あの国内ナンバーワン人気の「網走刑務所」ですよね。あれだけブランディングができている刑事施設は他にはないでしょう。中の様子をよく知らない人でも「収容されるなら網走は勘弁してほしい」とか「寒さと厳しい労役」などとイメージされていると思います。

そのご存じの理由を察すると、まず「健さんが出ていた映画」ということからではないでしょうか。その作品とは東映映画作品「網走番外地」であります。刑務所の実際の住所は「〒093-0088　北海道網走市字三眺官有無番地」ですが、製作の都合で「番外地」と付けられたのでしょう。そもそも「番外地」とは土地公簿で番地の付いていない土地を指すもので「番地さえ付けられない特別なエリア」という意味ではあの映画にぴったりです。ただ実際は無番地でした。

第1作目「網走番外地」は巨匠、石井輝男監督による1965年製作のモノクロ作品。高倉健演じる橘真一と南原宏治演じる権田権三とが列車から共に雪の原野に飛び降り、脱走を図るというものです。

東映では1965年以降、シリーズ化されました。予告編のテロップには「俺は自由が欲しい」。この作品には、丹波哲郎、待田京介、嵐寛寿郎、田中邦衛、潮健児、安部徹らが出演。今の芸能界のシュッとした男前だらけの時代ではキャスティング不可能かと言わしめる面構えです。時代で言うと「仁義なき戦い」シリーズ開始前夜の東映の顔役が並んでいました。

健さんの映画、刑務所でも見てほしいものがいくつもありますが、この作品は駄目でしょう。確かに「脱獄を煽《あお》る」内容と言えるからです。許されると言えば、降旗康男監督作品「あなたへ」がいいかもしれません。健さんが刑務所の指導技官役で出演し、ロケ協力の御礼を伝えるために富山刑務所に行ったぐらいですから。他には山田洋次監督作品「幸福《しあわせ》の黄色いハンカチ」「遙かなる山の呼び声」は許されると思います。改心して生き抜く男の姿があります。松田優作、マイケル・ダグラスと共演したリドリー・スコット監督作品「ブラック・レイン」では大阪府警の刑事役ですから、こちらも見てもいいかもしれません。この作品で健さんは犯人を捕まえる側です（そして実は私は、少年課の刑事として映っております）。


映画のことを書き出したら終わらないので、まずはリアル版「網走刑務所」のほうからご案内しましょう。こちらはれっきとした法務省矯正局札幌矯正管区に属する刑務所です。数年前、刑務所にお願いして所内見学に寄せていただきました。

この施設、日本最北端の地にあります。総面積は1640ヘクタールの日本一広大な敷地を有しています。作業では耕種農業のほか、日本唯一の畜産及び林業を営む刑務所です。私にしても映画のイメージが強いもので、担当部長に「この刑務所、収容者は極悪、環境も最悪みたいに言われますが、実際はどんなですか？」と聞きますと、「受刑者の属性でいうと『B』ですので、犯罪傾向の進んでいる収容者だらけです」と説明を受けました。収容分類級「B」とは再犯者・暴力団構成員で執行刑期10年以下の人たちです。少し調べると半数が覚醒剤取締法違反者でした。

作業場である工場をいくつか見せていただきましたが、心に残ったのは風呂場でした。他所《よそ》の刑務所とは少し様子が違います。

他所の風呂場はほとんどが中央に長細い浴槽があり、その左右に洗い場があり、整列して奥まで進み、かけ湯の後、浴槽に浸かって、洗髪洗体して、改めて浴槽に浸かって、アッという間の15分で終了です。風呂場の奥に青・黄・赤の電光掲示板で時間の経過を知らせてくれるのですが、せわしなさそうです。ちなみに入浴は夏は週に3回、冬は2回とおおよそ決められています。

ところが網走はちょっと違いました。部長さんが「風呂場、見ましょか！」言うた途端、いきなりその扉を開けてひとこと「ここは他所と風呂の形違いますねん。半円形でしょ。そんでここにおる者、全員暴力団員ですわ。みんな紋々入れてますやろ！」。確かに目の前の浴槽は田舎のひなびた旅館の風呂場のようでした。入口から手前が浴槽で、奥に洗い場がありました。そして全身アート系の人ばかり、喜んでいいのか、得したのか、よくわからんようになりましたが、ここは「何でもネタ」という大阪人根性で記憶に残しました。

また、「網走刑務所産の和牛はＡ5黒毛和牛」（23ページ）の項で紹介した肉牛の世話をしている二見ヶ岡農場もこの日、連れて行ってもらいました。この刑務所の特徴は土地柄もあり、作業を酪農業に特化させているところです。

移動中の車中で農場の話など色々と話を聞きましたが、その道中に使った道こそが「囚人道路」とも呼ばれたところでありました。江戸幕府が欧米諸国と国交を開始した頃、日本は西欧の列強諸国に追いつき追い越せと富国強兵政策のド真ん中、ロシアの脅威から「蝦夷地」を守るため、1869年、明治政府は「蝦夷地」を「北海道」と改名して道内に開拓使を置き、まず手始めに道路を建設することから開拓をはじめました。それが囚人たちの労働によって作られたものなので「囚人道路」という名が残っているのです。

因みに、本物の「網走刑務所」の入口に掛けられてある木製の看板は、過去2、3度盗まれたことがあるそうです。確かに記念になる土産でしょうが、窃盗はあきません。捕まったら網走刑務所に入ってもらいましょう――とは言え、看板泥棒がバレて刑務所の職員に現行犯逮捕されたとしても、まず警察や検察のお世話にもなってから行き先が決まりますので、自らが選んでは入れないのが「網走刑務所」になります。

自ら選んで行く「網走監獄」

入場料を払えば誰でも入れるのが「博物館網走監獄」です。こちらには色んな記念土産もありますので、看板は盗まないでください。

１８７４年に佐賀の乱が起きて以降、神風連の乱、秋月の乱、萩の乱など、士族の反乱が相次ぎ、時代の中で国事犯が多く生まれ、囚人は１８８５年には８万９０００人と過去最高の収容者数となりました。政府はこの状態を解決するため、１８８１年に監獄則改正を行い、徒刑、流刑、禁獄刑の者を拘禁する「集治監」を北海道などの地に求めました。

その一つが１８９０年に開設された「釧路監獄署網走囚徒外役所」です。１９０３年には「網走監獄」と改称され、１９２２年には今の「網走刑務所」となりました。その木造建築物を完全移築させて保存したのが「博物館網走監獄」です。網走国定公園の景勝天都山網走湖側に位置し、敷地面積は東京ドーム約３・５個分に相当。２件８棟が重要文化財の指定を受け、６件が登録有形文化財に登録されている歴史的建造物がある、貴重な観光スポットです。１９８３年、網走刑務所の全面改築工事に伴い、旧刑務所の建物を移築復原したものなのです。

実際に旧網走監獄からは１９１２年再建の庁舎、五翼放射状官舎、教誨堂などが移築復原されました。そして再現構築されたものには正門、鏡橋、旧網走刑務所二見ヶ岡農場、漬物庫、浴場、独立型独居房、煉瓦造り独居房、高見張り、看守長屋などがありますが、デジタル時代の言葉で言うと、どれもが見事に「完コピ」されて存在するのです。1分の1サイズなので「模型で再現・しました」なんて代物《しろもの》ではありません。

私の一押しは何と言っても1912～1984年まで使用されていた獄舎「五翼放射状平屋舎房」です。見張りの台を中心に5棟の舎房が放射状に広がったようになっています。旧奈良監獄(旧奈良少年刑務所)で見たものと同様のものでした。ここには収容定員3～5名の雑居房が126室と独居房100室が置かれていました。居房の廊下側の壁は、「斜め格子」方式が採用されており、「隙間」はあるのですが、廊下側からは部屋の中は見えるものの、囚人たちから廊下をはさんだ向かい側の部屋の中が見えないように作られていました。当然ご近所さんと余計なコミュニケーションを取らせないための設計です。

見張り台の少し先から放射状に延びている居房の端まで、横置きの煙突風の筒が延々と設置されています。実はそれはストーブだったものです。厳寒の網走刑務所では薪ストーブを使用して暖を取っていたのです。第5舎でいうと58メートルの長い廊下には、ストーブ2台が設置されていました。木造の放射状建物ですから、効率良く暖める方法がこれだったのでしょう。当然、ガスや電気、石油も暖房にはまだ使えません。一部屋ごとに暖も入れられません。小学校の時、石炭ストーブの煙突の周りに集まって、手をかざしていたのを思い出しましたが、網走では部屋には分厚い扉もありますし、廊下に値するところにある筒までも遠いです。これではどう考えても部屋が暖まるとは思えない暖房機でした。40～50年前の気象庁の記録で見ますと、このエリアはマイナス25・7度とかの最低気温も出しています。隙間風も入って来ていたでしょうが、これが現実なんです。その筒は人間を暖めてくれたようには目に映りませんでした。

そして加えてこの舎房の中の魅力はなんと言っても「昭和の脱獄王」に会えるということです。博物館のアトラクションというには素敵すぎます。実にさり気なく、白鳥由栄《よしえ》受刑者がちょうど脱獄する最中の姿に出会えるということです。

「誰か来て！」と思わず叫ばずにはいられない場面です。なんと白鳥は網走刑務所を脱獄するため、手錠と監視口に味噌汁を吹きかけ続け、その味噌汁に含まれる塩分で鉄を錆びさせるという技を駆使したと言います。もちろん脱獄は成功です。

今はマネキン人形が代役をしてくれていますが、将来はＶＲでいいので次の次元の体験をさせていただきたいと思います。過去テレビドラマ化もされていまして主演を緒形拳がやったり、ビートたけしが看守役を演じたりしています。また２０１４年に始まった漫画『ゴールデンカムイ』（野田サトル作）の中でも網走監獄からの脱獄シーンがあります。この白鳥由栄は漫画の白石由竹のモデルです。間違いありません。この作品が好きな人は早くもこの監獄詣でを済まされているようです。この白鳥は青森、秋田、網走、札幌と4カ所の刑務所の脱獄を成功させ、最後は府中刑務所に収容され、１９６1年に仮出所を得たといいます。

映画の「脱獄物」はどれもワクワクしますね。「ショーシャンクの空に」「大脱走」「パピヨン」「羊たちの沈黙」「ミッドナイト・エクスプレス」などはどれも結末を知っているのに何度も見てしまいます。

そして次の重要見学ポイントは「鏡橋」です。この博物館は網走川を挟んで設置されているので、駐車場から正門に行く際、この橋を渡らねばなりません。１８９０年に掛けられたこの橋は過去４回掛け直されています。一旦、ご自身を中から出てきた身の者として設定して、この橋を渡るのもいいかもしれません。

こちらの博物館は、皆さんの都合で出入りできる唯一の刑務所です。なお実際の「網走刑務所」もこの章の初めに書いたように、今もなお存在しています。この博物館からで言うと、２～３キロほど離れた距離にありますので、旅行者はレンタカーでこの二つをハシゴしているようです。ただ刑務所は見学できません。駐車場も土産物屋もありません。そこは博物館のほうで満足度を上げてください。

「大阪刑務所」「大阪医療刑務所」見学

まずは「大阪刑務所」（大阪府堺市堺区）の見学からです。ここは法務省矯正局大阪矯正管区に属し、東京・府中刑務所に次ぐ収容能力を持ち、西日本では最大規模の刑務所です。敷地面積は18万６４３３㎡（施設敷地面積15万５６７７㎡・宿舎敷地面積３万７５６㎡）、最新情報では職員定員は５２４名。収容定員は２５１９名ですが、収容現員は２０２１年現在１５８１名（収容率62・８％）となっています。

収容人員の60・８％が覚せい剤と窃盗事案ということです。ここの平均刑期は日本人で３年７月。外国人で７年４月となっています。なお無期懲役囚は35名で、現役の暴力団関係者は４％程度とのこと。

外国人受刑者も多く収容されており「43カ国、30言語」ほどになります。「国際対策室」には、国際専門官が３人おり、中国語、スペイン語及びペルシャ語を担当言語としています。また、常駐通訳人を活用することにより、13言語の翻訳業務に対応し、これらのほか、外部協力者を活用してその他の希少言語にも対応しているそうです。

この刑事施設の歴史は古く、１８８２年12月に現在の大阪市北区扇町に「堀川監獄分署」として設置されたのが始まりです。１９０３年には「大阪監獄」に改称分割。１９２０年に現在の堺市堺区田出井町へ移転。そして1922年に「大阪刑務所」に改称しました。誕生の地、扇町は現在、大きな公園になっており、スイミング・プールもありますし、コロナ禍のワクチン接種会場にもなっていました。

私が見学に行った時はちょうどお昼前だったので、鉄格子の中を案内してもらう頃には、午後の運動の時間に入っていました。案内してくださった刑務官が「体育館の中を見ましょう」と言って鍵を開けてくれました。もちろんこの扉は、中からは開かない仕組みです。パトカーの後部座席と一緒で、中から自分で扉を開けて逃げて出られないようになっているのです。

体育館の中はというと、なぜかみんな明るい様子です。関西の刑務所だからというわけではないのでしょうが、ムードがそうなんです。みんな声を出して楽しそうなんです。中学や高校の昼休みとほぼ変わりません。卓球やバドミントン、バレーボールなどに熱中していました。無論ゲストの私に挨拶をすることもなく、気遣うこともなく、自由に体を動かしています。他の刑務所でも運動の時間に見学もしましたが、ここは特別でした。大阪の空気が人を明るくするのでしょうか？

その後、工場での作業もはじまったので、工場見学もさせていただきました。さすが規模の大きな施設です。実施作業には、木工、印刷、洋裁、金属、革工などなどがありました。そしてこの工場も体育館と同様に明るいのです。規則通り、私のことをチラ見する者さえいません。もちろん私語も厳禁ですから工場の中は機械の音しかしません。運動の時間でもないので「声、出していこう！」というわけには行きません。しかしなぜか、人間の体温というのでしょうか、温かみを感じたのです。

ここには250人ほどの外国人受刑者もいるのですが、当然みんなと同じ薄黄緑色の作業着を着て帽子を被り、一緒に働いています。余計なお喋りはご法度《はっと》です。全員が黙々と作業に勤しんでいます。少し考えたんですが、ひょっとしたら休憩時間など、会話をしてもいい時、言葉の通じない外国人に何の遠慮もなく「ハロー、ハロー」と話しかける典型的大阪人がそこにいるのかもしれません。そしてそれがいい人間関係を作り、コミュニケーションが上手く取れる関係を築いていたりするのかもしれません。そしてそのような人間関係が「明るさ」「温かさ」を醸し出しているのかも……単なる想像ですが、そんなふうに思いました。

日を改めて、隣接する「大阪医療刑務所」も訪ねてきました。この日は見学だけでなく、受刑者向けの講義の準備もして行きました。

「医療刑務所」とは、一般の刑務所では収容できない専門的な医療行為を必要とする受刑者を収容し、治療を行う刑務所です。特に精神上または身体上に何らかの疾病・障がいがある受刑者、また薬物やアルコール依存症、摂食障がいの受刑者も収容対象となり、治療することを目的としています。内科、外科、整形外科、精神科、泌尿器科、眼科などの色んな科も備わっています。また医療刑務所は男子・女子ともに収容可能となっています。

「医療刑務所」は、大阪以外では東日本成人矯正医療センター（東京都昭島市）、岡崎医療刑務所（愛知県岡崎市）、北九州医療刑務所（福岡県北九州市）の3つの施設があります。この施設にいる人たちは、患者ではあっても、あくまで受刑者です。病室は外から鍵がかけられ、医師や看護師が中に入る際には、刑務官に鍵を開けてもらわなければなりません。

見た目で言うと、患者はみな白い「病衣」を着ています。食事作りや配食、洗濯や掃除などの「自営作業」を行う受刑者は他の刑務所と同様の薄黄緑色の作業服を着ていました。その日、施設の見学のあと、薄黄緑色の人向けの講義をさせていただきました。

この大阪医療刑務所で話を伺ったときは収容人員数が約300人（患者200人／自営作業係100人）で、医療設備にはCTスキャナー、超音波診断装置、人工透析装置などはあるとは聞きましたが、どれも古くなってきたということで、2024年の春の完成を目指して建て替え工事を行っています。今の医療刑務所は病院としての機能が不十分で老朽化もありましたので、新しいものでは病床数を増やし、IT化やロボット導入も進め、最新の医療器具を揃える予定とのことです。

受刑者の総数は2006年をピークに減っているとは言え、高齢化が進み、医療の重要性は高まる一方だと言います。また医師不足が深刻だという話を聞きました。特に若い医師が集まってこない理由に、一つは古い医療機器のせいで最新医療の勉強にならないこと。そして二つ目に民間と比べて安い報酬などがあると聞きました。実際には刑事施設で医師不在の所も出てきていますし、設定されている矯正施設の医師の定員も約9割にとどまっているとのことです。高齢化と医師不足、そこにコロナ禍となれば社会の縮図がここにもあると言えます。

そして足りないのは、内科や外科、精神科の医師だけではありません。歯科医師も需要の割に不足していて、刑務所内では診てもらうまでに何カ月も待たされることもあり、「刑務所に収容される前には『歯医者』にだけは行っておけ」と言う先輩のアドバイスがあると聞いたほどです。皆さんも覚えておいてください。

そして何年も何年もここにいる受刑者もいます。仮や満期の「釈放」もなく、健康になってから「釈放」されるのでしょうか？　笑えません。確かに高齢化が進むと、彼らが収容されている所は何のための「医療刑務所」なのかと言われても仕方ありません。

続いてはあまり長くレポートするのは憚《はばか》れますので短めですが、私が訪れた病棟の観察記です。

訪問した所は4階建てでした。1階には内科、外科などの診療室が並んでいます。部屋の中が見えないのと、廊下で順番を待つ人もいないので、どれぐらいの先生がおられて、何人の患者を診ておられるのかはわかりませんでした。そして2階・3階は入院用の部屋。こちらも一般病院ではないので、入口の扉が開いていて中の様子が見えたりはしませんでした。この2フロア、あまりにも人気《ひとけ》がしなかったので案内してくれる刑務官に中の様子を聞きますと、「いっぱい入ってますよ」とひとこと。

そして最後に4階を案内してもらうことになったのですが、ちょっと足がすくみました。このフロアは端から個室が並んでいるだけということもあり、少しイヤな感じがしたのです。部屋の中を見ますと、ちょうど椅子に座っているおばあさんを斜め上から見下ろす感じでした。1人目は読書中でした。続いての部屋の人も読書中。3人目はじっと座っておられました。刑務官に「お年寄りの皆さん、作業とかはできないので毎日、読書とかなんですか？」と尋ねますと、「今の女性は全員、竹中さんよりずっとずっと若いですよ」。私は「???」です。よく聞きますと、「過食症です。中には拒食症もいますが、みんな摂食障がい者なんです」ということでした。「でもどういう罪でここに入ってはるんですか?」と聞くと、「主に万引きの常習犯ですね。食べる量をコントロールできず、意図的に吐くのです。それにもかかわらずまた食べるんですね、その行為を繰り返したいので、万引きなどの窃盗を繰り返すんです。男性にもいるらしいですが、ここにはほとんどいません」と。

続いての何部屋かは扉のガラス越しには誰も見えませんでした。聞きますと「中にはいますよ。寝てるんでしょう」と。確かに病院ですから、昼間でも寝ていますよね。もちろん、作業はしていないようでした。そして最後の部屋です。男性が何もせず、じっと椅子に座っていました。よく見ますと、首の後、うなじまで入れ墨が入っていました。予想通りですが、その人は薬物依存症とのことで、映画でしか見たことのないような様子でした。刑務官に聞きますと幻覚、幻聴、幻痛があるとかで暴れることも多いので、このような単独病室に入ってもらっているとのことでした。これみんな財源は税金であります。

旧奈良監獄（旧奈良少年刑務所）見学記

2022年10月、「旧奈良監獄（旧奈良少年刑務所）」で「最後の見学」が可能ということで行って参りました。コロナ禍で開催中止が続いていましたが、やっと再開された「奈良矯正展」です。「矯正展」とは刑務所が再犯防止に向けた矯正施設の取り組みなどの紹介や刑務所内の受刑者が製作した木工具や家具、靴や鞄などの製品の展示販売等を行うものです。

ここの建物は改装されてホテルになるということが決まっていましたので、このラストチャンスを逃すと二度と入場できないというタイミングでした。同時に刑務所内で「キャピック製品展示即売会」という、刑務所で製作した製品も一堂に会すると聞いたので、喜んで奈良に飛びました。住所は奈良市般若寺町、通称「コスモス寺」と呼ばれる「般若寺」の町内になります。

当日は9割が女性でした。女子の皆さんは刑務所で製造された商品の展示即売会「キャピック製品」を目当てで来られている感じもしましたが、予想外に「刑務所萌え」の方が多くいらっしゃったようです。スマホではなく、首から下げたミラーレス・カメラで激写されていました。

中には洗面台が取り外され、和式便器だけが残っている単独室を熱心に撮影されている人もいましたし、中央看守所のセンターに立ち、〝「第一寮」から「第五寮」までアリの子一匹逃がさないぞ〟のムードを背中越しに友人に撮影してもらっている達者な人もいました。「鉄道マニア

（鉄ちゃん）」は男子が多いように思いますが、「刑務所萌え」は女子が多いようでした。確かに女子には「昭和レトロ」が少しブームのようで、「見たことない昔の物だけど、どこか新鮮」「デザインが自由な発想」「人間味がする」といったことに萌える方にしてみれば、「明治建築」「赤レンガ作り」「ラストチャンス」などのキーワードはハマるのかもしれません。

1858年、日本と米国の間で日米修好通商条約が締結されました。その不平等条約の撤廃に向け、自らの力と態度で国家の近代化を進める中で、法の整備に着手し、またその思いを表現する象徴として、当時の建造物があります。

監獄の整備や近代化が急務と言われる中、1901年に建築がスタート（1908年完成）した旧奈良監獄を皮切りに、1907年には「長崎監獄」「金沢監獄」「千葉監獄」が、翌年には「鹿児島監獄」が竣工され、ほぼ同時期に監獄としての運営を開始しました。これらを称して「明治五大監獄」と呼ばれています。

因みにこれらの刑務所の設計をしたのは、司法省の技師だった山下啓次郎。海外8カ国を歴訪して集めた見聞をもとに設計したようです。五大監獄どれをとってもドシッとした座りのいいレンガ作り（鹿児島監獄は石造）で、デザインも堂々としたものです。それらの持つロマネスクな世界観とシンメトリーのデザインが重なり合い、古さなど全く感じさせない存在になっています。実は啓次郎はジャズピアニスト山下洋輔の祖父にあたります。洋輔は祖父が関わった刑務所建築を調査し執筆した自伝的小説『ドバラダ門』も出されています。

大正時代に入り、増加する少年犯罪に対応し1922年に「少年法」が公布され、「奈良監獄」も「奈良刑務所」と名称が変えられました。終戦翌年の1946年には「奈良刑務所」が「奈良少年刑務所」と改称され、戦後の混乱期に起こった少年犯罪への対応に注力することとなります。

「建築物から見る日本の近代化」という文脈でいうと、この奈良監獄にはしびれます。私は生まれも育ちも大阪ですが、奈良や京都の文化的財産にはいつも脱帽します。大阪では「大阪城は誰が建てたのか？」という質問に対して「大林組です」が答えになるような街ですから、奈良や京都にはかないません。千数百年来の歴史を持つ建物、東大寺や興福寺、春日大社から歩ける範囲にこの奈良監獄はあります。千数百年前の建物の隣りにいても威風堂々と胸を張っているレンガ作りの建物です。単純に、カッコいいのです。

2008年には設立100周年を迎えましたが、2017年に重要文化財に指定されると同時に、3月31日をもって廃庁が決定されました。

そうして役目を果たした建物は破壊されて、ゴミくずにされて消え去り、せいぜい書物やネットの中の記録や記憶に残るだけということが多いかもしれません。そんな運命をたどることが多い建造物の中で、2019年、星野リゾートが手を挙げ、建物の保存を決め、重要文化財施設を活用したホテル運営をすることが決定されました。

「監獄ホテル」と言えばその通りです。元々あった居房を宿泊用の部屋に変更するとのことで、開業は2024年から2025年を目指すのだそうです。

素人目に見ましても、素材は何も言うことのないようには思うのですが、やはり耐久性の面で限度を超えている部分も多く、耐震面など現代の基準に合わせるには相当な費用が掛かると思います。しかし、そこは敢えて素材を活かし、「滞在型観光拠点としての魅力を高める」と気合いが入っているようです。夢の世界にありそうな物を想像して作るテーマパーク型ホテルではないというところが、私をワクワク・ドキドキさせてくれる要因です。

こういう事業は「ある物を活かす」がいかに重要かということです。建築のプロに言わせたら「ゼロから作るほうが楽」と言うのではないでしょうか。ゼロから作り上げる自由さより、不自由の上に立つ作業のほうが大変なんだろうというのは私にもわかります。しかし、古い家、古い車などが好きな人にはわかっていただけると思いますが、活かす所、捨てる所、他所の物の再利用などをするのが楽しいのです。時間が掛かるのが大事なんです。映画や動画を早送りで見ている人にはわからないかもしれません。

気になるのでもう少し調べますと、新ホテルは、旧奈良監獄の収容棟5棟のうち4棟をホテルにする計画だそうです。実は奈良監獄の収容棟は2階建てなんです。1階の天井部分は吹き抜けになっており、監視所からは両フロアの動きが監視できるようになっていました。その上に2階の天井は天窓になっていて、明かりがしっかり取り入れられていました。どんな変化が加えられたホテルになるのか楽しみで仕方ありません。

きっとレストランも運営されるでしょうから、メニューにも期待です。でもやっぱり、宿泊のアメニティを味わいたいです。パジャマはどんなのかな？　スタッフの制服はどんなデザインかな？　せめてチェックアウト時だけでも「釈放！」とか言ってほしいものです。

刑務所関連の専門図書館がある⁉

大学を出てからのほうが、図書館のありがたみがわかり、ちょくちょく利用させていただいております。デジタルも導入されているおかげで検索が限りなく効率良くなりました。一方では学術に関するものなどはデータがオープンにされてあったりするので、図書館に行かなくても済む時もありますが。

ただ本好きの者としては生身の本に触れたいものです。コロナ禍で貸し出しができなくなるなどの不便も出ましたが可能な所には通い続けました。

図書館には色々と専門の図書館もあります。漫画、アート、絵本、児童文学、建築、デザイン、車、食、スポーツ、鉄道、旅、天文、演芸などなど必要に応じて利用させてもらっていますが、私が書き物や刑務所での講義などの調べ物のためにお世話になっているのが、東京都中野区にある「矯正図書館」。国内唯一の刑事政策・矯正の専門図書館です。

元々は調べ物があったので顔を出したのですが、行ってみると、そこの歴史と資料の量に圧倒され、よく利用するようになりました。この図書館のバックは「公益財団法人　矯正協会」になります。この協会は、1888年に創立された「大日本監獄協会」をその前身としています。そして創設以来収集してきた資料を基に、1967年にこの図書館は開館しました。

1888年の矯正協会草創期から今日までに収集した図書・雑誌のほか、江戸期・明治期の捕具類、古文書、絵図及び写真などの貴重資料を所蔵しています。

平たく言うと「犯罪と非行・刑事政策の専門図書館」なわけで、「刑事施設」の図書関係にもすごい量で出合えるのです。そしてこちらの理念が素晴らしいです。ここは図書や資料の収集だけが目的ではなく、矯正協会は、「矯正に関する学術の発展と普及啓発を図るとともに、矯正行政の運営に協力し、もって犯罪及び非行の防止に寄与することを目的として、各種事業活動を行っています」と宣言しています。この「犯罪及び非行の防止に寄与することを目的」の設定がすごくないですか？　創立以来およそ130年にわたり各種事業を行って来られていることにも感銘を受けました。上位概念に「犯罪及び非行の防止」、そして下位概念に「学術の発展と普及」の初期設定が形になっているのがこの図書館です。

全国の「矯正」に関わる方が読まれている教科書のような月刊の雑誌が1888年5月創刊の『大日本監獄協会雑誌』（現在の『刑政』）ですが、ここではそのすべてが保管されています。135年分です。

2006年10月にはWEB文献検索システムが開始され、2015年1月には『大日本監獄協会雑誌』創刊号（1888年）から第57巻（1944年）まで全ページがデジタル公開されました。そして2021年10月には「電子図書館」の側面がいよいよパワーアップ。所蔵資料のデータベースは、刑事政策関係において他に類をみない充実度を誇っています。

この図書館サービスでは、ホームページから次の資料を検索できます。

・当館所蔵の図書
・所蔵雑誌に掲載されている刑事政策関連の論文記事
・目次を記載した創刊号からの『刑政』

もちろん図書館ですから、「図書請求票」を出して、その場で本を手にして、読むことができます。また「文献複写」に関しても、著作権の範囲で実費で複写してもらえますし、遠隔複写サービスも対応してもらえます。

実は、心から嬉しかったことがあります。それはこの歴史ある『刑政』2018年9月発行第129巻　第9号（通巻1516号）に私が寄稿させていただいたことです。そこには「釈放前指導におけるコミュニケーション力養成講座」という見出しで、私が刑務所で行っている講義の様子や受刑者の反応などを紹介させていただきました。1888年発刊から1516号目ですよ。光栄に思います。読みたい方は是非、この図書館をお訪ねください。

公益財団法人　矯正協会　矯正図書館
〒165-0026 東京都中野区新井3丁目37番2号 矯正会館3F
https://www.jca-library.jp/

第2章　それでは釈放前教育を始めます！

私が刑務所に入った理由

なぜ私が「釈放前指導導入教育」の役割を受け持つことになったのでしょうか？　それは前職で「住みます専務」だったことがきっかけです。

吉本興業は２０１１年４月に「あなたの街に〝住みます〟プロジェクト」を立ち上げました。企画は全国47都道府県に芸人を移住させ、地方の企業や行政、住民を応援し、地域の活性化を目指そうというものでした。全国各地に送り込まれた芸人が観光や特産品のＰＲのお手伝いをして、時には産品作りやイベントの企画を出したりもしました。

結果的にお笑いのライブや落語会が開かれるようになったり、地元のテレビやラジオのレギュラー番組を獲得したり、中にはＣＭ出演につながっている者も出ました。それらお笑いの力の浸透による地域おこしは全国で話題にもなり、新手の「町おこし」として成功したといえます。住みます芸人のほうも東京や大阪から移住した結果、前よりも稼げるようになったと言います。

２０１３年10月、このプロジェクトをよりパワーアップさせようと、全国を７ブロックに分けて、吉本興業の「専務」クラス７人が「住みます専務」として移住することになりました。私は当時、専務取締役54歳。選んだエリアは人生で一番縁のなかった東北６県エリア（青森、岩手、秋田、山形、宮城、福島）です。早々に６県のヘッドオフィスのある仙台市に引っ越しました。

酔っ払っても迷子にならずに帰宅できるようにと青葉区の「文化横丁」という飲み屋街の目の前のマンションを選びました。

赴任を前に「東北を知らねば」ということで書店に出向き、歴史や地理、文学で学ぼうかと思いましたが、実際に手に入れたのは観光ガイド誌『るるぶ東北』。それを読んでやっと白地図に県名が記入できるようになりました。ただ県庁所在地を書き込むのは今もまだ自信がありません。

着任後、まずは挨拶回りの毎日です。東北の友人が「塀の中に知り合いがいるので秋田刑務所に行きましょう！　受刑者じゃないですが……」と声をかけてくださいました。この時の用件は刑務所の広報活動の1つであるイベント「矯正展」の盛り上げについての依頼でした。

そこで吉本興業のできることと言えば、まずはゲストにお笑い芸人を入れて集客を図ることです。そんなアイデア出しの打ち合わせは塀の中の会議室で行われましたが、もちろん鉄格子の中ではありません。「人生初の塀の中」とは言うものの、少し期待外れだったのですが、打ち合わせが終了した後、「所内見学されますか、ご案内しますよ」ということになりました。小さくガッツポーズをしました。

ドキドキしながら、中の様子をしっかり記憶に残そうと刑務官のあとについて行きます。もちろん携帯電話はロッカーに預けてあるので、手元にカメラもなく記憶力を発揮せねばなりません。施錠されたいくつもの扉を、刑務官が指紋認証をしたりテンキーに番号を打ち込みながら中へ中へと入って行きました。部屋にはそれぞれ小さな手書きの看板がついていて、「研修室」「第1工場」「浴室」「手洗い」「講堂」「会議室」「倉庫」などと書いてあります。

秋田刑務所は男子刑務所です。行進しながら移動中の10人ほどの集団とすれ違いました。行列は「左右左右左・左」の掛け声で前進します。何故か時々「右」を言いません。刑務官の癖なのかもしれません。行進する姿は指先を肩の高さまで上げ、ひざも同様に体に対して90度の高さまで上げ、リズミカルにその集団は歩き進んで行きました。

その集団とすれ違い、彼らが廊下を曲がり、行進の掛け声が薄れて行き、やがて消えた途端、建物には静寂がやってきました。他からは全く何の音もしてきません。刑務所の庭の葉ずれの音が聞こえるぐらいです。建物の中の人気《ひとけ》までも消えてしまいました。どこからか冷たい空気が吹いて来て、正にこの世から人間が消されたような感じです。

まずは「工場」に入りました。受刑者の作業場です。そこは木材加工場でした。木屑も散乱せず、きれいな床、ピカピカの窓ガラス、壁には「安全は目配り、気配り、思いやり」という標語。そして「無事故連続450日」というパネル。そんな中、誰一人としてよそ見もしません。私を見て挨拶もしません。ただただ自動カンナを当てたり、材料を運んだり、作業を進めるだけです。彼らからは私の存在は消されているように感じました。

続いて入った工場では、ある機械をバラしながら部品を分別しているところでした。リサイクルなんでしょう。釘とそれ以外の電気系統やコードがバラバラの箱に入れられて行きます。

その見学の日からしばらくして、秋田刑務所から「ギャラはお支払いできませんが、受刑者向けにお笑いと社会復帰に向けた講義をセットにした『慰問』をお願いできませんか？」という依頼が来ました。即刻、私と秋田住みます芸人「ちぇす」が喜んで協力しますと返事を入れました。

秋田刑務所の収容者の特徴は、執行刑期が10年未満、犯罪傾向が進んだ者が多いと聞きました。簡単に言うと窃盗犯、暴力団員と詐欺をはたらいた者が６００人ほどいる刑務所ということのようです。受刑者の罪状として殺人は少なそうで、また特徴として、２〜３年間娑婆にいて、その後２〜３年間の刑務所生活を経て、また娑婆へ戻るというのを繰り返している人が多いとのことでした。

慰問の当日、開演前に舞台袖から客席を覗き見しますと、１ミリも狂っていないのではないかというぐらいきれいにスチール製折りたたみ椅子が並べられていました。講堂にはすでに受刑者は着座した状態で、列の間々には刑務官が後ろ向きに座っています。「そんなふうに観察されたら笑いにくいやろうな」と思って見ていますと、本番で私より先に出た２人が、「やりにくいやろうな」と私が思った通り、出番時間の30分をこなさず10分ほどで降りてきました。いくら刑務所とは言え、楽しみにしてもらっていたはずの慰問団です。与えられた時間は90分です。ボクの持ち時間は60分のはずでしたが、結果、残り80分間ほど話さねばならなくなりました。

私はまず、お笑いの世界を目指す若者たちの夢を話しました。

「吉本興業の養成所は創設した頃には高校を中退したり、仕事先で上司と上手く行かずに辞めたり、中には学校や仕事場で暴力をふるいクビになった人もいました。そんなドロップ・アウトした人が養成所に入ると、『芸能界は実力主義だけだ』と頭で考えていたかもしれませんが、いざ通い出してみると、挨拶や時間に厳しく、先輩後輩の関係もハッキリしています。なかには、

『前と変わらないわ』と思って辞めてしまう人もいましたが、この養成所は『自分で決めて入ったところだから、売れるまで踏ん張るんだ』という人が多かったです。もちろん月謝も自分で稼いで貯めた人たちがほとんどです。他人に言われて入った学校や勤め先ではなく、『自分が決めた』ことで人間は変わり、人間は馬力が出るんです」

そんな話をしたのですが、時間はまだ20分ほど残っていました。そこからはアドリブです。その刑務所は、短期間での出入りが多い刑務所ですから、「喧嘩が多いだろう」ことを察し、こんな話をしました。

「この刑務所、喧嘩が多いようですよね。そこで勝った負けたもないですよね。どっちも『懲罰』が待っているのではないですか？　結果、ここで喧嘩して、何か得しましたか？　そういう喧嘩はもう止めましょう。オトコなら娑婆において、同僚や後輩から頼られ、憧れられ、尊敬される人物になってください。それは『漢字』の『漢』と書き、『オトコ』と読みます。皆さん、娑婆に帰ってええ『オトコ』になってください」

その後、私の話のせいだけではないでしょうが、秋田刑務所から喧嘩がめっきり減ったという話も耳にしました――。

そんなことがあったという話を聞いた山形刑務所の刑務官から、今度は私に釈放者向けの研修ができないかという依頼が飛び込んできました。

「釈放前指導導入教育」は私にできることなのだろうかと案じはしましたが、伺ったミッションは「出所者が二度と刑務所に戻らないこと」と「出所者が再犯で被害者を作らないこと」でしたので興味が湧き出ました。そのミッションの達成に向けて、社会に戻る寸前の受刑者たちに「コミュニケーション力を身につける」という「ネタ」で行くなら、私にもできそうだと考えたからです。「ネタ」という言い方はここではそぐわないかもしれませんが、吉本興業に35年ほど在籍し、裏方として「お笑い」を作ってきたものですからお許しください。「コミュ力アップ」は私の得意としていたものです。長く「お笑い」の製造販売業者でしたので。

そうして私の「釈放前指導導入教育」の活動が始まったわけです。

人材育成の対象者としても興味がありましたので、喜んで研修プログラムを作成することにしました。私が目指すものは、講義の内容がその人の新しい生きる道の「指針」になること、そして少しでも娑婆に出るとき役に立つ「技」になる、ということです。

また、「コミュニケーションの学習は楽しいものである」「そしてそれを身に付けると人間関係が豊かになる」というメッセージを掲げることにしました。

私にできることは、笑いのある講義です。私はそんなふうにして、「教育担当者」になることを決めたのです。

「コミュニケーション授業」4時間を編成

山形刑務所から来た研修の依頼内容は「満期釈放者に対する指導」というものでした。

行儀のいい受刑者は条件が揃えば「仮釈放」を手に入れ、満期日を待たずして娑婆に出られますが、それがかなわない人たちは「満期釈放」になります。そして私にやってきた対象者は全員その「満期釈放」の人たちでした。

期日通りにしか刑務所から出られない「満期釈放者」たちは、「出所後に住む所が決まっていない」「職は見つかっていない」「適切な身元引受人が誰もいない」といった条件が揃っています。そんな人たちが私の生徒さんになるということが決定したのです。

最初の頃は1時間授業を2コマでしたが、途中から4コマに増えました。

前項で書いた2つのミッション「出所者が二度と刑務所に戻らないこと」「出所者が再犯で被害者を作らないこと」を叶えるために、「出所後の社会とは人に助けられ、人を助ける所だ」、そして「それぞれの人間の足りるところと足りないところを補い合う関係が重要だ」ということを話すことは決めていました。平穏無事な社会生活を過ごしてもらうためには「コミュニケーション力」を身に付けることが大切だと考えたからです。

山形刑務所の特徴は、受刑者が犯罪傾向の進んでいない、初めて刑事施設に収容される人であり、その上、執行刑期が8年以上の人がほとんどだということです。ということは「初犯で8年以上の懲役」ですから、多くは重大事犯者ということで、罪状は殺人や性犯罪、強盗、詐欺だと言えます。

2020年の再入受刑者のうち、出所から3月未満で再犯に至った満期釈放者はなんと15・3％となっており、仮釈放者（4・3％）と比べて高い値となっています。釈放されて娑婆での生活が3カ月持たない人が15％以上もいるのです。これはショッキングな数字です。

同様に、出所から2年未満で再犯に至った満期釈放者は62・2％となっており、仮釈放者（50・4％）と比べて高い値となっています。こういうことから満期釈放者を多く抱える刑務所は残念ながら「犯罪再生工場」などと呼ばれてしまうこともあるようです。

私はそんな満期釈放者が相手ですから、なかなかの大仕事であります。そこで「犯罪は止めよう！」「被害者の気持ちをわかろう！」などと学校の今月の標語みたいな簡単な言葉を並べていては何も届かないでしょうから、私ならではのプログラムを考えました。受刑者が社会復帰するに当たって、生き抜くのに役立ち、少しでも実践的な中身を作ることにしたのです。

むかし吉本興業の『マンスリーよしもと』という月刊広報誌の編集長をやっていたこともあり、ここは「編集力」の発揮のしどころと考えました。対象者に伝えたいことや学んでほしいことを「上位概念」と「下位概念」に設定していきます。まず上位の概念は担当刑務官と確認した2つのミッションです。下位の概念は、受刑者に身に染み込ませたいがための具体的な1時間授業4

コマです。そしてそれを簡単なシートで用意することにしました。

まずは上位概念のミッションです。

1つ目のミッションは「出所者が二度と刑務所に戻らないこと」です。これは簡単な話、二度と罪を犯さないという約束です。「再犯防止」は最近いわれるようになったテーマではありません。昔から警察でも検察でも裁判所でも、そして刑務所でも叫ばれている大テーマです。ただ、どの犯罪はどういう環境の下、どういう理由で再犯が起こっているのかは、それぞれの「犯罪」によって大きく違いますし、時代によって変化もしています。それらに対する防止策や対策もまたほぼすべて違ってきます。極端に言えば、刑務所の収容者が4万人いるとすれば4万通りの指導教育が必要になってくるとも言えます。

これを山形刑務所では、『一般改善指導』として「行動適正化指導」「被害者感情理解指導」を行っています。また『特別改善指導』としては、受刑者の特性に合わせ「薬物依存離脱指導」「性犯罪再犯防止指導」「交通安全指導」「被害者の視点を取り入れた教育」「就労支援指導」などを行っています。後に出てきますが「R」という符号の指導などです。

ここで私が出番をいただいたということで言えば、やはり、「お笑い」作りのノウハウを発揮するしかありません。「コミュニケーションは心のキャッチボールです。このキャッチボールが上手く楽しく続けられれば、それは良い人間関係が築けるということです」――これをどのように伝えて、腹落ちさせていくかがテーマになります。

そしてもう1つのミッション、「出所者が再犯で被害者を作らないこと」は、1つ目と同じことを言っているようにも取れるのですが、そうではありません。先のは「二度と犯罪を起こさない」という「加害者への観点」からでしたが、もう一つのは「被害者への観点」が重要であるということです。

被害者側の観点にも立ってみるという、そんな「視点」を身に付けるため、「コミュニケーション能力」をアップさせることが必要です。授業ではそれで1コマ（1時間）を使います。

1コマ目ではコミュニケーションの重要性を話し、続いて「自分を知ろう～自分史を書こう」という授業を行います。授業は「自分が自分自身にインタビューする」というものです。刑務所生活が長いと、同僚に興味あることを聞いたり、話したりすることが少なくなってしまいます。日常生活において、情報量も少ない分、自分から何かの話題について質問をする機会も少ないのです。話題と言えば、食事のメニュー、野球や相撲の結果、年に一度の運動会や花見の話題ぐらいです。それもコロナのせいでこの2～3年間、慰問や運動会、花見などのイベントもなくなってしまったので、残っているのは釈放の日まで何日あるのかを指折り数えるぐらいでしょう。長い間、刑務所の中にいたせいで、言葉のキャッチボールのやり方を忘れていますので、まずは自分へのインタビューから慣れてもらうのです。

2コマ目では、娑婆では自分の持つ「個性」や「魅力」が人間関係を良くしてくれるので、それを見つけることと、「自分は自分を好きになろう」という話をします。自分を認めて、そして他人との良い関係を構築していく。これが「コミュニケーション上手に幸あれ」というネタです。

3コマ目は「やわらか頭を作ろう」ということで「なぞなぞ大会」を開きます。私も受刑者も3コマ目になると、友だちというほどではないですが、色々なやり取りで少し馴染んだ感じが出てきます。なぞなぞでたまに2〜3問続けて答えを当てると「チャンピオン決定！」とか、2回ほど外すと、「晩ごはん抜き！」とか言って盛り上げます。ただこれが単なる「なぞなぞ大会」では終わらないところは、後の項で説明します。途中からみんなの目がまん丸になります。

そして4コマ目は「ストップ・ハラスメント」ということで、今や数十種類ある「ハラスメント」の解説をします。みんなには「昔はよかったけど、今はアウトというのがハラスメント！」ということを学んでもらいます。ここまで来ると浦島太郎状態の受刑者も現代のおじさんと同じように「ボクは納得できないけど、嫌がる人がいるんやな！」ということがわかり、「よく理解できないけど、時代が変わったんや」というような「理解」が始まります。

ここでは受刑者同士の共感だけではなく、講師である私との共感も生まれます。ここまでで4時間は掛かりますが、お互いにこの「共感」が感じ取れるようになれば、重要メッセージを伝えることもたやすくなります。「自分事」と「他人事」を肌身で感じ取ってもらえているからです。

さてさて、授業の詳細は次からの項に譲りましょう。

「自分を知ろう〜自分史を書こう」

山形刑務所での私の授業はほとんど毎回同じ工場で行われます。

サイズは小学校の25メートルプールぐらい。ふだんは作業が行われている工場の隅のほうを使います。長机を並べて、40インチほどのモニターを置くスペースも用意しやすいからです。私もそこでは壇上とかではなく、同じレベルの所にある長机に座ります。この高低のない環境が私をより話しやすくしてくれます。目線の高さが一緒のほうがフレンドリーに話せます。

開口一番「それでは釈放前教育を始めます！　1時間目は『自分を知ろう』です」。

この「自分を知ろう〜自分史を書こう」は私が考え出した、社会復帰のための「コミュニケーション力アップ」が目的のプログラム。自分が聞き手になって、目の前にいる自分自身にインタビューするというものです。

私が質問して過去のことを答えてもらってもいいのですが、私の授業ではそうではありません。自分自身が聞き手となって、少年時代の自分に会いに行ったり、時を超えて未来の自分に会いに行き、インタビューをしたりするものです。

そうして、「自分が誰なのか?」「何ができるのか、できないのか?」「何をしたいのか、した

るのです。
「腹を割って何でも話せる家族や友人がいるのか、いないのか？」「夢はあるのか、ないのか？」——そういった自己分析をすることが、娑婆での生活に役立つということを伝えるのです。

授業では座席図に名前を入れてもらったものだけを用意してもらい、私は受刑者のことを名字で呼びます。刑務官からは普段から名字で呼ばれているのですが、初めて会った外部の講師が気さくに呼びかけてくるのには最初はドギマギした様子でしたが、途中から話も弾みやすくなりました。私よりどう見ても年上のような方には「さん」付けをして、どう見ても年下の方には「ちゃん」付けなどします。私にすれば名字で呼ぶことは挨拶代わり、コミュニケーションの入口といったところです。私が以前いた芸能界では「ちゃん」付けが多かったものです。他社の先輩からも「ちゃん」付けで呼ばれるのはいい人間関係でした。

ところで最近の小学校では、「君」も「ちゃん」もやめて「さんにしよう！」というところや、中には「あだ名をやめよう！」というところまで出てきたようです。ニックネームで本人が嫌がるものは今も昔もダメですが、そうでなければ距離も近くなっていいのですが。「あだ名」で呼ぶことこそが同じクラスメートとのコミュニケーションの始まりだったようなところはありませんか？　刑務所でももう少し時間を取れたらあだ名を付ける授業もやってみたいものです。

さて、授業は以下のように続きます。

「はじめまして。私はコミュニケーションの先生です。皆さんはコミュニケーションを取るのが

下手やからここにいるんですよね？」（みんな「シーン」としたままです）

「ここは大阪やったら笑うところなんですけども……」（再び「シーン」とします）

「まぁ私は人を笑わせるプロではありませんので、これでいいのです。そしてめげずに続けますよ！」

「人に歴史あり、あなたに歴史あり。今日は、自分が自分にインタビューしてみます。そうすると本当の自分に出会えます。自分を知る。そして相手を知る。いい人間関係が生まれますよ！」

と滑り出し上々に始まります。

「この先、娑婆に戻ったら、何でも自分で決めなくてはならなくなりますよ。もちろん仕事が決まれば社長や上司から命令をしてもらえるようになりますが、それまでも、またそれ以降も、何事も自分で決めなくてはなりません。塀の中にいたように『命令や指示待ち』はもうありません」

そして「インタビュー」の説明です。インタビューして情報収集をするとは何なのか。なぜそれが必要なのかから話します。「今日のインタビュー相手はあなた自身です。興味のあることを遠慮せず徹底的に聞いてください。聞く側は、興味あることを、相手がすべての心の窓を開いてしまうほどツッコんで聞きこんでください。それがインタビューですよ」

たとえ話でこんな話をします。

私がもし矢沢永吉にインタビューできる時があったら、「はじめましてお名前は？」って聞いたらしばかれますよね。「お仕事はなんですか？」もしばかれますよね。その時はきっと私は矢沢永吉の歌の話を聞きます。「私は『時間よ止まれ』が大好きなんです。いつも車で歌っています。あの曲はどこで書かれたんですか？」とか聞きたいですね。

「インタビューって、そういった興味を解決することなんです」と話します。

そして前に設置された大型モニターには、最初のページを映し出します。そこには「10歳の自分にインタビューしよう」と書いてあるのです。みんなキョトンとします。確かに意味がわからないですよね。そこで少し説明が必要です。

「皆さんの目の前に10歳の自分が立っているとします。今からその子どもにインタビューします。相手は小学校4～5年生ぐらいですね。まずは『学校終わりに最近、誰と何をして遊んでいますか？』と聞いてみてください。するとどんな答えが返ってくるでしょうか？　まずその質問と答えを紙に書いてください」

この時間は白紙のA４用紙を先に配ってあります。みんながその質問と返ってくる言葉を書いてくれているのを、真横まで行って見させてもらいます。初めての講義を前に「私が部屋を歩き回って、みんなが書いているところを見て、その場でアドバイスをしてもいいですか？」と刑務官から許可をもらっていました。

とは言え、実は初回、本心としては怖さを感じていました。ほぼみなが凶悪な犯罪を起こした人だと思うと、もうすぐ出所とは言え、突然ボクを捕まえて鉛筆を首筋に立てて「今すぐオレを解放しろ、しないとこの男の生命《いのち》はないぞ！」とか言われたらどうしよう、などとビビって講義の日を迎えたものでした。

実際は、そんな吉本新喜劇みたいなことが起こるわけもなく、全員が一所懸命に鉛筆を動かしていてくれました。そこで私の仕事です。例えば、「友だちと魚釣りに行ってます」とだけ書かれてあったら、「友だちの名前も書いてよ」、そして「どこで魚釣りをしたの？」と場所も追加で聞いてもらいます。

すると「○○くんと近くの△△川という川で魚釣りに行ってます。ここは時々川うなぎも釣れて、それが釣れたらものすごくうれしいです」と、○○くんや△△川や、聞いていなかった川うなぎの話題までが出てきます。

自分が質問をして、その答えを自分が出すということが始まるのですが、やっているうちに質問を投げるのが面白くなってくるのです。「興味があることを質問すればいい！」のですから。

「大人になったら何になりたいの？」ということも追加で質問してもらいますと、「Ｊリーグの選手!!」「大工さん！」「プロ野球の選手！」「歌手！」などの答えが返ってきていました。ここでも私が聞き手になったのではありません。受刑者一人ひとりが聞き手となって、10歳の自分にインタビューしてくれたのです。

そして私が経験した授業の中には「大工希望」の人が実際に「家具職人」になったという人もいましたし、実際に「プロ野球選手」になったという人もいました。そのように夢を叶えた人がいた時は「それは凄いなぁ、みんなで拍手！」とか言って褒めましたが、それに続けて、ひとこと、

「でも今、ここにおったらあかんけどなぁ」

と言うと笑い声が生まれます。私の予定通りです。プロの芸人ではないですが、「緊張の緩和」理論の活用ですね。

授業は続きます。またモニターに映しているページをペッとめくったら「100歳の自分にインタビューする」と書いてあります。現在70歳の人ならこの先30年分の歴史を知っている未来の自分が目の前にいます。その人に何を聞いてもいいのです。質問力・想像力も増してきているので、いいのが出てきます。

「巨人はいつ日本一になりますか？」「第3次世界大戦は起きましたか？」「100歳になるまでに大きな怪我や病気はしませんでしたか？」などなど。

そして中にはこういうのも出てきました。「死ぬ間際、何かやり残したことはありませんか？」という質問です。

その人に聞きました。「100歳の自分はなんて答えましたか？」と。すると、その100歳の自分は「嫁さんと子どもにちゃんと謝りたい」との答えだったそうです。ここまで行くと、とても哲学的です。答えたいことを質問していると言える気がしました。そしてその答えさせたい内容とは、現在の自分の本音を吐露しているようにも聞こえました。ここはボクが質問をしたわけではないという所が肝心なんです。

そんな硬い空気も作ったあと、モニターに映し出される最後のページには、「今の自分に聞いてください。今どこに行って何をしたいですか？」とあります。

この時は用紙に書くスペースがなくなる勢いで書いてくれます。

「大きなお風呂に入りたい」「アイスキャンディーを食べたい」「タバコを吸いたい」「生ビールを一気飲みしたい！」など。「スターバックスコーヒーに行きたい」と書いた人に「しばらく行ってないもんね」と言ったら、「1回もないんですよ」と返してきました。調べますと1996年には日本に上陸してたんですけどね……。その人の住む街にはなかったのか、はたまたここの刑務所での滞在が長かったのかもしれません。

「リスペクト・ユアセルフ」とは何か？

「自分を知ろう～自分史を書こう」の授業では、私が受刑者の横や後ろからアドバイスをしたり、「漢字、間違ってるで」とか茶々を入れるので、ムードは相当和らぎます。そしてそのコマの締めにはラジオのDJよろしく、1曲聞いてもらうことになります。それをやってみようと思った時、刑務官に一応、相談しました。「私の講義の中で、1曲音楽を聞いてもらってもいいですか？　他の先生でビデオを使った授業の際、BGMも流れますよね。それと同じ感じです」ということで、許可をもらいました。

この場面ではまず、1時限目のまとめということで、「自分を知り、そのあとには、自分を尊敬することが重要です」という話をします。

「社会に戻って、ずっと後ろを向いていても誰も助けてくれません。そうならない為にはいつも前向きでいることが重要です。自分が自分自身のことが大嫌いで、尊敬できずにいたら、他人は誰もあなたといい関係を持とうとしてくれません。

そのことが歌われている歌を聞いてください。50年ほど前の黒人のグループのものです。ステイプル・シンガーズの『リスペクト・ユアセルフ』です」

そんな風に紹介したあと、1コーラス半ほど聞いてもらいます。英語の歌詞ですが、この曲は内容としては「自分自身を尊敬しなさい。それができないと誰もいい関係を持ってくれない」といったことを歌ったゴスペル・ソウルソングだと説明を加えます。私は元々、ラジオ番組のレギュラーも持っていたのでお喋りや曲選びは得意ですから、それがこういう形で刑務所の講義で役に立つとは思いもしませんでした。

20分の休憩時間を挟んで、次は「コミュニケーション上手に幸あれ」の授業です。うまくコミュニケーションが取れるようになると、さっきの時間の最後で話した「いい人間関係が築ける」ということを丁寧に話します。また、みんなには精神的にも強くなってほしいので、次のような話をします。

「あなたも一番になれます」というタイトルで話は進みます。

「『ナンバー1、2、3』は聞いたことがあるでしょ、しかし『オンリー1、2、3』は聞いたことがないですよね！

ナンバーとは『2・3』があっての『1』。これはオリンピックで言うと『銀・銅メダルの選手』がいるから『金メダルの選手』がいるのと同じこと。しかし『オンリー2・3』の言葉はないですよね。そうオンリーには『1』しか存在しないのです。

『ナンバー1』とは、『より速く、遠く、高く、重く』など『競争』の1番です。一方『オンリー1』とは、ほかとは『違う』ということでの1番。

その『違い』とはその人の持つ、『個性』や『魅力』です！

だからみんなも『オンリー1』になろう！　誰もが『1番』になれるから『他人との違い』をセールスポイントにしよう。『個性』『魅力』を見つけよう！」

そんなことを話しながら（ここにいる人たちはみんな、他人と違いすぎ！）と無言でツッコんでいる私です。先に書いた「自分を知ろう」とはその「個性」「魅力」を知ることです。それがないわけではありません。それに気付いてもらいたいのが私の講義の中身であり狙いだったのです。

私の授業は私一人が喋ってばかりではなく、可能な限り、受刑者に喋ってもらうようにしています。いろんな質問を投げかけ、それに対してどう思うかを話してもらうようにしています。

たとえば次のような質問です。

「みんなは行ったことないかもしれないけど、想像してみてください。朝の通勤ラッシュ時、東京の地下鉄丸ノ内線の赤坂見附駅で、列に並んで列車を待っていた時、自分の列の後ろにベビーカーを押したお母さんが並んだとしましょう。みんなどう思う？　ボクなら……」と口火を切ります。

まだここでは我れ先に挙手する人は少ないものですから私からはじめます。「ホンマはあかんねんけど、なんでボクの並んでる列の後ろに並ぶねん！　と心の中では叫んでしまいます」と話します。すると、受刑者も、みんな手を挙げだして「もう少し空いてる時間に来たらいいのに」「タクシーにでも乗って行ったらいいのに」と苦言を呈します。

まぁ私につられているのもあると思いますが、そこで次の質問に変えます。「では質問を変えます。そのお母さん、なぜ、そんなラッシュ時に地下鉄に乗ろうとしてはるのかな？」と。今度は先に私が答えません。受刑者を当てます。

するとタクシーに乗るお金がない」「おばあちゃんが病気なんで急いで実家に行くことになった」「急に相手の予定が変わった」などと気付きを話してくれます。

実はここが肝心なところです。何年も何年も刑務所に入っていたおじさんたちが、ベビーカーを押すお母さんの気持ちを慮《おもんぱか》っているのです。

そこで私は続けて質問します。

「もう一度聞きますで、みんなは行ったことないかもしれないけど、想像してみてや。朝の通勤ラッシュ時、東京の地下鉄丸ノ内線の赤坂見附駅で列に並んで列車を待っていた時、自分の列の後ろにベビーカーを押したお母さんが並んだとしよ。みんなどう思う？」

すると、返ってくる答えは、「どこまで乗るのかを聞いて、車内の人に少し我慢するように伝えます」「子どもが怖がっていないか様子を見る」「ベビーカーを運ぶのを手伝ってあげる」と変化したのです。決して点数を稼ぐために言い方を変えたわけじゃないのです。彼らは母親の気持ちを慮る力を持ち備えていたのです。

何度も何度もこの質問は他講義の中でしたことがありますが、多くの人が「慮る力」や相手の気持ちを「察する力」を持っていることを確認できます。

刑務所で様々なことを勉強した甲斐があったのかもしれません。そんな力をもっと自分で気付いて使ってほしいので、以下のような質問もするようにしました。少々厳しい問いですが、コミユニケーション慣れしてきた私はこんな質問をします。

「皆さんがここにいるということは『加害者』ということですね。では皆さんの家族や友人はあなたのせいで大変な迷惑を被り、苦しんだ『被害者』になってしまったということは理解できていますね。それでは皆さんから見た実際の『被害者』の家族（「被害者家族」と呼ばれる）から見たあなたは紛れもなく『加害者』なんですが、その『被害者家族』から見たあなたの家族（ここでは「加害者家族」になります）のことをどう見ているでしょうか？　少し考えてみてください」

　ここではほとんど手が挙がりません。答えがわからないからです。そこで私が説明します。

「皆さんはおわかりだと思いますが、『被害者家族』は『加害者家族』のことをイコール『加害者』だと見ています。『被害者家族』から見れば『犯人』の奥さんや子どもは、『犯人』と同等に見られています。『犯人』の奥さんや子どもは『犯人の奥さんであり、犯人の子ども』なんです。実際は『加害者』ではないのですが、憎しみや怒りはそのように向けられるものなんです」

　実は、この視点が欠けている受刑者がとても多かったです。矯正の授業で習わないのかもしれませんが、ベビーカーのお母さんのことは慮れたのに、いざ自分のこととなると読みきれていません。これが現実でした。

　ここは話す私も辛くなりますが、ハッキリと伝えることにしています。皆さんの家族はあなたに苦しめられているだけではなく、被害者の家族からも責め立てられているということを。

大喜利で不安を解消するコミュニケーション術

２コマ目ですが、視点を変えて物事を見てみるというシビアな話をした後、そろそろ、自由にキャッチボールをしてみます。１時限目では「質問を考える」という、普段使っていなかった脳みそを使ってもらいましたが、次は私が聞き手になり、根掘り葉掘り質問を投げます。みんな懸命に投げ返してくれます。ここは解答の中身が大事なのではなく、いかにリズミカルにボールを投げて受けて、また投げ返すか。これが上手くいくようになれば、コミュニケーションに活用できるのです。いわば「コール＆レスポンス」の妙味を体感しようというものです。

ここは吉本興業で学んだ手を使うしかありません。

「１００万円を用意しました。24時間以内に使うとしたら、どう使いますか？　貯金はダメですよ。ボクが納得する使い方なら差し上げます」こんな質問を全員に投げます。

ある人は「バイクで日本一周したいです」と言いました。

私「どこのバイクですか？」

「ＫａｗａｓａｋｉのＺ９００ＲＳは予算オーバーなので、Ｎｉｎｊａ ４００の中古を買います」

私「いくらですか？」
「中古で60万円ほどです」
私「予算内やね。それに乗ってどこに行きたいの？」
「日本海側を回って、グルメの旅をしたいです」
私「良かった。じゃあ気を付けて行ってきてください」

　次の人に聞くと、
私「何に使いますか？」
「ぼくサッカーが好きなんで、大きいテレビで試合を観たいです」
私「どれぐらいの大きさ？」
「(両手を広げて）これぐらいです」
私「それなら迫力があってええなぁ！　50とか60インチかな？」
私「幾らぐらいするの？」
「70万～80万円位すると思います」
私「このままヤマダ電機に行ったら60インチ位の10万円切ってたで」
「えー、そんなに安くなったんですか」
私「まだ大分予算が残っているで！　どうする？」
「洗濯機と冷蔵庫と電子レンジと……」

私「誰が全部ヤマダ電機で使えと言うたん？」

「しかしテレビ、安くなりましたね！」

と言った彼、相当滞在期間が長い受刑者なんでしょうね。

次の人は、

「水害や地震で被害を受けた所にボランティアを募って片付けなどの手伝いに行きます。その交通費とか他の費用に使いたいです。それで残りは寄付します」

そう答えてくれた受刑者には、次の月に行った時にも会いました。たまたま私が丸1カ月空けずに授業に行く時もあるので、二度会う人もいます。

その時は「ボクに会いたいから延長したんか？」と聞きますと、「違いますよ！　明日出ますよ！」とかテンポよく返ってきます。

ですので同じ質問をしますと、「前回はボランティアの費用と寄付をすると言いましたが、やっぱり半分ぐらい、風俗に使っていいですか？」と返ってきました。

「まぁ法に触れていない店ならええよ」と返しておきました。

こういうキャッチボールは決してふざけているものではありません。ある意味、娑婆というところは雑談や無駄話でコミュニケーションが取られているのです。ここだけ切り抜くと刑務所のえらいさんに叱られそうですが、私は娑婆に戻ってスムースに言葉のやり取りをしていく時には雑談と無駄話が重要だと考えています。塀の中の話を面白がってペラペラ話すのは良くないようですが、人間関係を良好にするための雑談と無駄話は大歓迎です。

ここまで来たら「コミュニケーションの力」をもっと身に付けてほしいので、続けて「コミュニケーションは不安を取り除いてくれる！」についてみんなと話します。いよいよ「みんなと話す」のです。ここまでは「私」対「受刑者」でしたが、これからは同席しているみんなで話を回します。まず私が聞きます。

「さていよいよ出所ですが、いま抱えている『不安』にはどんなのがありますか？　順番に行きましょうか！」

と先ほど書いたように、年上の人には「さん」付け、年下の人には「ちゃん」付けで名字を呼びます。たとえば「〇〇ちゃんの不安は？」と聞くと、

「出所後、周りの人と上手くやって行けるかが心配です」

私「なるほど、新しい職場で、周りがみな初めての人となると心配やね」

私「それでは△△さんはそれについてどう思いますか？」

「ここは先生の言うみたいに前向きに自信を持って、こちらから挨拶をするべきだと思います」

私「なるほど、下を向いてもじもじしていても誰も声かけてくれないもんね」

私「では××さんは？」

「地球の温暖化です」

私「これは大問題や！　ここでは片付かないな、〇〇ちゃんどうする？」

「そうですね、大きな問題は『食品ロス』をなくすことです」
私「ええこと言うやん、○○ちゃん！　では続いて△△さんの不安を聞かせてください」
「私は、家族や友人がこの先、どう付き合ってくれるかが心配です」
私「アレ、さっき『前向きに自信を持って』と言わへんかったっけ？」
「はい、自分のことと なると自信がないのです」
私「ええなぁ、それ本音やなぁ。さっきのアドバイスを自分に向かって言うてあげよう。自信に変わるで！」

こんな風に「不安」を1人ずつ述べてもらいます。ここでは意見を交換し合うので、みんなの顔色が変わります。少しずつですが、私も受刑者も自由に意見やアイデアも述べられるので、空気はとても和らいでいます。

他の不安には「自分の健康が気になる」「再犯をしてしまわないか心配」「仕事が見つかるか？」「家が見つかるか？」……などなど、不安の吐露大会です。私はこういう時、1人で悩まないで「言葉」にして発することが大切だと思っています。そう、この「言葉」の交換こそがコミュニケーションです。

やわらか頭作りのために「なぞなぞ問題」

私のコミュニケーション力アップの講義は、ノートに書き留めることもほとんどありませんし、暗記するものもありません。ちょっと面白いことを言おうとしたり、頓智を利かせる「お笑い脳」を使ってみる内容が多いです。

前の講義では「１００万円あげます、24時間以内に自分のために、何に使うかな？」なんて質問をして、おもしろ解答をイッパイもらっているので、次にはもっと「自由にキャッチボールをしてみよう！」ということで、突然「なぞなぞ大会」を始めてみます。「なぞなぞ」は古来から「頭のマッサージ」などと言われ、頭をもみほぐし、「やわらか頭」を作り、そのお陰で発想力アップや機転が利く人間になれるような気がします。

確かに娑婆ではコロナ禍で直接、人が会って話す機会さえ減りましたが、たまに会って話す機会があるからこそ、そこに「楽しいコミュニケーション」が必要とも言えます。

先に言っておきますが、この授業、ちょっと凝ったことをしています。最初の何問かは「なぞなぞ」なので答えはひとつなんですが、途中から「なぞなぞ」ではなくなってしまっているのです。見方を変えれば「どれもが正解」というような質問に変わっているのです。ただ受刑者には「なぞなぞ大会」とすることで盛り上げ、徐々に頭がやわらかくなっているのがみなで実感できます。
まずは慣らし運転から、皆さんもいかがですか、考えてみてください。
質問１　トンネルを抜けると雪国だった。では、トンネルの手前は何？
答え１　答えは入口です。

こういうベタなところから始めます。受刑者も「なーんや」という表情です。ただ小ネタもはさみます。ではついでに、こういうのは知っていますかと聞きます。

「全国どこにでもある『橋』ですが、入口と出口があります。その見分け方を知っていますか？」

ほとんどの人が答えられません。

実際には「入口」には「漢字」で書かれた橋名板《きょうめいばん》があります。「出口」ではそれが「ひらがな」で表記されるルールになっています（地域によって差があるようですが）。

こんな話をすると「なーんや」という顔が「へぇー」に変わります。そこでついでに「こういうのを知っているからといって、生きていくのに何の役にも立ちませんが」という注釈も付け加えます。雑談や雑学は自分が興味のあるものだけ覚えていればいいですよと話します。

質問２　１枚の紙を切ったり破ったりせず、10枚にするにはどうしたらよいでしょう？

答え２　１万円札を両替して１０００円札10枚にしてもらうのです。

ここでも「なーんや」という表情になりますが、プチ情報を加えます。
「最近、銀行や郵便局での両替は有料になりました。またスーパーやコンビニでコインを使って支払いする時、法律により1種類につき20枚までの使用制限があります。娑婆に戻ったら注意してください。銀行によって手数料は違いますが、ある銀行ではコイン500枚までだと手数料が550円かかります。極端に言うと、1円玉500枚を五百円硬貨に替えてもらおうと銀行に持って行くと、手数料を別に550円支払わねばならないということです」などの情報も提供します。ここでまた顔が「へぇー」に変わります。

質問3　マラソン好きの寛平くん、あるマラソン大会に出ました。前半は18位で折り返しましたが、後半は、17位・16位・15位の人を抜いてゴールをしました。さて、結局、何位入賞だったでしょうか？

答え3　15位

さすがにこの問いに受刑者は「14位」と「15位」が半々ぐらいになります。正解は最後に15位の人を抜いたんだから、その人は「15位」です。14位になるには14位の人も抜き去らねばなりません、と加えます。時にはイメージしやすくするために、私が立ち上がってランナーを演じたりします。

そしていよいよ、答えが1つではない「なぞなぞ」の始まりです。もう「なぞなぞ」とは呼べないかもしれませんが、受刑者に色々な答えを想像してもらおうというものです。私の中では「やわらか頭」を見せてほしいので「なぞなぞ」の延長として問いを出していくのが丁度いいのです。

質問４　目の前に1つのみかんがあります。これを2人で分けるとしましょう。どう分けますか？　説明しやすいように赤シャツと白シャツの2人という設定で答えてください。

答え４　左記のように解説を進めます。

受刑者を当てますと、「みかんを2つに分ける」とだけ答えたりしますので、「どっちの色のシャツの人が、どのように分けるのですか？」「片一方の手が汚れていて真っ黒だったら嫌ですよね」

とコメントしますと、「手のきれいなほうの白シャツの人が2つに割る」と言ってくれます。

すると私は「2つに割った後、どうやってそれぞれが選びますか？」と聞きます。

受刑者は「じゃんけん」で決めますと返してくれます。

もう言葉のキャッチボールが始まっています。

私はこの問題は「ＷＩＮ-ＷＩＮを考えること」と言って、どちらにも損得のないフェアな分け方を考えるものだと説明します。そうすると想像力が増すのでしょうか、他にも色々と意見が出ました。

「手のきれいなほうの赤シャツがみかんを剥いて、オレンジジュースにしてコップに入れて均等に分ける」

「手のきれいな白シャツがみかんを剥いて房にして並べて数が一緒になるように分ける」

ここで私は「数が奇数やったら困れへんか?」と茶々を入れると、すぐに「じゃんけんします」と返ってきます。そんなフェアな精神があればここにいなくても良かったのになぁと思ってしまう瞬間です。

「このように、みかんを2つに分けたり、ジュースにしたり、房を並べたりして分けることは『数の分配』と言います。今度は『値打ちの分配』をしてみましょう」と続けます。みんなポカーンとします。

「今のは全部が『数の分配』でしたから、形はどうあれ『平等』になるように分けることを考えたので、次はそのみかんの値打ちを探します」などと話しますが、説明するより、次のような例を上げたほうが早いです。

赤シャツ「うちのおかんがしもやけで困ってて、お風呂に乾燥したみかんの皮を入れると効果があるので、みかんの皮を集めてるねん。今、みかんの実はほしくないので、皮だけください」

白シャツ「それでいいねんやったら中身全部もらうよ」

　これで両者がいいのなら「WIN-WIN」の関係が成立したと言えます。こういった例を上げると、「ポカーン」とする人ばかりではなく、何か考えたいという人も出てきます。そして手を挙げた人に答えてもらうと、「赤シャツがみかんを丸ごと白シャツにあげて、もしも最後に『種』が出てきたら、それだけはください」。理由を聞くと「その『種』を植えて将来、多くの実を付けてからみかんを食べます」とのことでした。

　もはや「なぞなぞ」ではなく「交渉」の練習になっています。乱暴な答えなら、「相手を殴ってみかんを手にする」ようなことをしかねなかった人たちがフェアにルールを構築してくれます。そんな同僚の話を聞いているうちに、「みかんがほしいので、ポケットに入っていたチョコレートと交換する」という交渉術も出てきました。

　答えが1つの「なぞなぞ」から、どの答えも正しい「なぞなぞ」に進化したのです。私もこの講義は大好きです。1時間弱ではありますが、みるみる間にアイデアが出るようになります。「釈放後、手が出る前に、アイデアの出る人間になってほしい」などとベタな忠告を最後に付け加えます。これもウケません。

数十もあるハラスメントをクイズ形式で説明

私の刑務所での「コミュニケーション授業」は「キャッチボールを頭で覚えよう！」ではなく、実際に「言葉のキャッチボールを体で覚えよう！」という実践モノです。早々に娑婆に戻るわけですから、即日、使用できるもの、もしくは実生活で役に立つ話をしています。中途半端な話や抽象的な話をしている暇はありません。なので、今さらいらぬ失敗をして逆走されてほしくはないので、「ハラスメント」教育も担当しています。

「多くのハラスメントに関して、何があかんのか、どうあかんのか、どうすればいいのか？」を具体的に話すのです。

そもそも「ハラスメント」は刑務所で職員が一通り説明する講義だったのですが、「釈放前の授業に入れているが、なかなか出所者の記憶にも残らない」と聞きましたので、私がその科目を引き取りました。

「〇〇ハラ」を並べてみると数十種類もあります。しかし、それぞれの名称や内容を暗記させることは無意味です。

覚えてほしいことはこういうことだと、ド頭に話します。

「娑婆で『ハラスメント』をしでかすと、また刑務所に戻ることになるで！」

これで十分です。私は普段、受刑者をビビらせて学ばせるタイプではないですが、「ツカミ」は重要です。

別に法律の改正などの話ではありません。今の一般社会生活の中で忘れがちな、相手を気遣い「慮る」力を身に付けておこうというものです。受刑者には前のコマで、「満員電車を待つプラットフォームで、自分の列の後ろにベビーカーを押したお母さんが並んだ時」という想定で、「人を慮る力」を思い出してもらっています。このコマではより社会生活での具体的な例を上げて「ハラスメントの怖さと、それをしないことの大切さ」を体に染み込ませてもらいます。

「ハラスメントは『嫌がらせ』や『いじめ』です」

「『嫌がらせ』や『いじめ』は言葉や態度による『暴力』です」

「『暴力』はアウトですね。また刑務所に戻りますか？」

彼らには「他人の気持ちをわかる人間になること」を訴えます。

「昔、気にしなくて良かったこと。それが時代の流れで変わった。だから気付かぬうちに、ハラスメントをすることになってしまう！　だからまず、人の気持ちをわかる人間になることです」

こう話したあと、以下のようにクイズ形式にして進めます。

「パワハラ」や「セクハラ」は有名ですが、「カラハラ」とは何の略でしょうか？　と聞きます。

私との授業も４時間目となると、少し慣れたもんで、何人もが挙手してくれます。

私「はい、そこの坊主頭の人」（受刑者は「みんなですよ」ということで笑ってくれます）
受刑者A「辛《から》いハラスメントです」
私「なるほど。どんなハラスメントですか？」
受刑者A「辛いものを無理矢理に食べさせる罰ゲームです」
私「うまい！　でもそうなるとテレビ番組でやってはいけないですよね。残念。次の人」
受刑者B「カラー・ハラスメントです」
私「色のカラーですね。確かに『カラハラ』になりますね。ところでどんなハラスメントですか？」
受刑者B「色の使い方を間違う人です」
私「さて、どんな間違いなんですか？」
受刑者B「例えば葬式にピンクのスーツを着ていく人です」
私「場違いと言えるけど、誰が誰に対してのハラスメントなんでしょうかね？」
私「では私から答えを言います。正解は『カラオケ・ハラスメント』です。意味わかりますか？
ではみんなで考えましょう。誰かが誰かに対して、気づかぬうちに何か嫌なことをしています。それは何でしょうか？」
こうなると様々な意見が出だします。お笑いの「大喜利」と一緒です。正解が重要なのではなく、なぜそれが正しいのかの解釈をする行為が大切なんです。
こんな意見が出ました。

「歌が下手で、聞いていられない」「歌い手の声がでっかい」「知らない歌ばかり選ぶので付いていけない」などなどです。

予想通りです。受刑者は自分が嫌なことを列挙してくれます。ただその逆の視点が少ないのです。こういうのが並ぶあたり、彼らがここにいることになった要因になっているかもしれません。そう思うのは、「人前で歌うのが恥ずかしいのでイヤ」「そもそもカラオケに行くのがイヤ」「この上司とデュエットはしたくない」といった意見（視点）が出てこないあたりからです。他人を対象にして、それを見て、自分が言いたいことは言えるのですが、それ以外の見方ができません。

「本当の『カラハラ』とは、『カラオケ』が嫌いなのに無理やりに店に連れて行かれたり、歌わされたりすることなんです」と説明するとみな、驚いた表情になります。「えっ、カラオケ、嫌いな人がいるのですか？」という勝手な思い込みからの発想しかなかった人たちです。これこそが「行動認知の歪《ゆが》み」です。だからこそ、その自覚をすすめるためにも、この「仮称ハラスメント・クイズ」は役に立ちます。

「会社の後輩とカラオケに行くとしましょう。まずここで、行きたい人と行きたくない人にわかれます。行きたくないという本音も言えない時は仕方なく付いて行きますよね。そこで店に入った途端、リモコンを手にして、選曲する人もいますが、『人前で歌うのは恥ずかしいなぁ』という心の叫びを持っている人もいます。また『この上司とだけは歌いたくないので指名しないで！』と心の中で叫んでいる人もいます。ここでハラスメントが発生します」

このように、自分が良くても、嫌がる人がいるかもしれないところを察してあげるのが「ハラスメント防止」になると話しています。

昭和の時代のように上司が勝手にデュエット曲『カナダからの手紙』の予約をして、番が回って来たらいきなり上司が「カオルちゃん、歌うぞ！」とか言って、肩に腕でも回して歌いだしたりしたものなら、令和の今なら、「カラハラ、セクハラ、パワハラで訴えてやる！」が正しいのです。そうして訴えられてください。また刑務所に戻りますか？　そんな講義です。

あと誰も答えられないのが、「ヌーハラ」です。「ヌード」ではありません、「ヌードル」のハラスメントです。どういうものかと言いますと、SNSから発信された新たなハラスメントで、日本人が「ズルズル」と音を立てて麺をすする行為に対して、海外からの旅行者が精神的苦痛を感じることを指しています。SNSを見て、楽しみにして店に来てくれたんでしょうが、お国柄の違いですね、人前で音を立てて食べることに嫌悪感を覚える国の人もいるのです。「ボクは認めたくないですが、皆さんはどう思いますか？」と受刑者に投げて考えてもらいます。

その他、講義ではお笑いのネタみたいな回答も多いですが、多くのハラスメントを「〇〇ハラとは何でしょうか？」と問題を出し続けます。

最後に出すのはこの質問です。

「ハラハラ」とはなんでしょうか⁉

答えは「ハラスメント・ハラスメント」です。

あまりにも世の中にハラスメントが増えすぎて、話しづらい、コミュニケーションが取りづらいことこそがハラスメントだ！　とするものです。ダウンタウンの松本も「巷《ちまた》に溢れるハラスメントがハラスメントや！」とテレビで言ってました。自分だけのルール、自分勝手な思い込みだけでいると、また犯罪を起こしてしまいます。今はハラスメントを防止するための措置を義務づける法律「ハラスメント防止法」も成立しています。

そしてこの授業の最後のセリフ。

「時代が変わって、こんなようなハラスメントが増えてきましたが、他人が一番嫌がるハラスメントをやったのが皆さんですがね！」と締めるのですが、ここもまた全く笑いが取れません。

女子刑務所の先生になりました

刑務所は法律によって、男女ともに所定の作業をせねばならないことに現在はなっています。そして、受刑者が出所後、定職に就き、社会復帰するために必要な支援として、各種資格の取得、様々な「職業訓練」も実施しています。

その中で、岐阜県の笠松刑務所（女子）には美容師を目指す「美容科」があります。ここで2年間の厳しい訓練を受け、ほとんどの人が美容師国家試験に合格しています。もちろん男子刑務所では「理容」の訓練を受けられる所もあります。

この笠松刑務所の真横には「みどり美容院」という名の美容院が併設されており、一般人が利用することができます。髪を切る以外にセットをしたり、染めたり、パーマも掛けてくれます。もちろんここの美容師は国家試験に合格した受刑者です。

お客さんがいらっしゃらない時に、この美容院に入れてもらいましたが、中には4つの椅子、鏡やシャンプー台、少し古めかしいですが、設備としてはみな揃っていました。ただ昭和レトロと呼んだほうがいいかもしれません。映画のセットのような懐かしい造りのままでした。

聞きますと、他の店と違うところが何点かありました。まず、私語や雑談はプライベートの話を除き、一般的な世間話まではＯＫです。出入口は人の出入りの都度、施錠されます。担当刑務官もずっと同席しています。まずは別の受付で前払いを済ませておいてから美容室に入ります。

私もせっかくなので予約を入れようとしましたが、男性はお断りとのことでした。料金はカット900円。染毛は長さによって2000〜2600円。パーマも同様に、長さによって1800〜2200円とお安いです。営業時間は朝8時半からで、夕方4時に完全終了です。美容師さんが何人もスタンバイしている店でもないので、予約してから行くのが賢明です。

この美容院、初めて利用される方の中には、やはり「受刑者の方がハサミやカミソリという刃物を使うというのは大丈夫なんだろうか」と心配される方もいるようです。


さて、ちょうどコロナのシーズンに入る前でした。その美容師の資格取得のために学んでいる人たち向けにコミュニケーションの授業をしてきました。

この美容科の授業は4月から始まり、費用は2年間で1人あたり200万円以上は掛かると言われています。「集団訓練」を受ける者は、全国の女子施設から選考されて集まってきた受刑者です。希望者は元々受刑態度などがいいと認められた人たちから選ばれます。受講者は10人ほどいました。

授業の日は美容師養成の稽古部屋で、道具類を少し片付けてもらい、テーブル類をスクール形式に変更してもらいました。講義が始まる前、カバンからタブレットを出して、それをモニターにつなぐ際、頼んでもいないのに、受刑者が進んで手伝ってくれました。

男子刑務所で配線が上手くつながらなかった時、刑務官に「誰か！」と言われて、手を上げた受刑者が許可をもらって前にまで出てきてくれ、アダプターをつないでくれたことはありましたが、この女子刑務所は少し様子が違います。

脱いだジャケットを「預かります」と言ってハンガーに掛けてくれたり、モニターの位置もみんなが見えやすいところに移動させたり、私のタブレットもモニターと生徒の顔が見える所にセッティングしてくれました。特に刑務官の許可をもらうわけでもありません。

「カバン、こちらに移動しておきます」なんてことにも気が回ります。内心では「これが一般社会でできていたら、ここにはいないのになぁ」などと思いながら、怪訝な顔で刑務官を見ますと「ここは、それでいいんですよ」と返してくれました。「お言葉に甘えて」という感じで準備を進めました。

この日は確かに準備の時点から男子刑務所とは全く違った、そこで初めて感じた「ゆるい」ムードがありました。なぜか男子刑務所ほどの緊張感はありません。とはいえもちろんだらしないわけではなく、どこかの女子校のように居眠りする人など誰もいません。前向きに話を聞き、反応も早くしっかりとした人が多くいましたので、講義も上手く進みました。

「自分史を書こう」「グッドコミュニケーションとは」などの講義を行い、「自分を知るためにインタビューをしてみましょう」ということでみんなと「言葉のキャッチボール」も行いました。

「自分史を書こう」で鉛筆の進まない人もいましたが、その時は横から「10歳の頃、放課後、誰と遊んでたの？」と聞くと「誰とも」と返ってきましたから、「じゃあ放課後は何してたのかな？」と聞くと「弟の面倒を見ていました」などと返ってきます。10歳の自分へのインタビューを通して、その頃の記憶をたどってもらいます。そうして自分自身へのインタビューは、少しずつでしたが進んでいると言えました。１００歳の自分には「大きな病気とかはなかったですか？」「出所後、家族との関係は上手く戻りましたか？」などの聞き取りをしてくれていました。

続いて、将来、美容院で働き始めたときのために、お客様とのやり取りについての練習もしてみました。慣れないうちはなかなかお客さんに話しかけることもできないでしょうし、話題も見つからないと思ったので、こんな方法を提案しました。

「お客さんに先に質問をして、相手が答える前に先に自分から話す」という技です。これは裏を返せば「自分が話せる話題に持っていくための方法」です。

例えば「お客さんの好物はなんですか？」と聞いて、答えを待つのではなく、すぐ返って来なかった時、タイミングを図って「実は私はおそばが大好きなのと、コロッケも大好きなんで、我慢できなくなったら駅の立ち食いそば屋さんで『コロッケそば』を食べたりします」などと自分の話を先にするのです。するとお客さんも「自分の好物」を考えて答えるのではなく、美容師さんの話に乗っかりやすくなるので、コミュニケーションが取りやすくなるのです。

「へぇ、コロッケそばなんていうのがあるのね！」とか「知ってる知ってる、コロッケがばらばらにならないように食べるのよね！」とか話題が進むものです。もしお客さんがコロッケそばの話題に乗らなくても、「辛いタイ料理が好き！」とか話してもらえば、「それに乗ればいいじゃないですか！」と受刑者に伝えます。コミュニケーションは言葉のキャッチボールですから、こんなのでいいのです。

キャッチボールのきっかけ作りはサービスの提供者からできるようにしておかないと、沈黙が続いたりしてしまいます。なので、「沈黙は金（キン）」ならぬ「沈黙は禁（キン）」と話したりすることもあります。この「沈黙は金」は、「黙ることが時には大切である」という意味を持っていますが、場所によっては「沈黙は禁止です」ということを話しているのです。

彼女たちには、自分たちからの声がけを推奨しています。コミュニケーション、それは言葉のキャッチボール。「あなたから先に投げてみましょう」と練習してみるのです。

「それでは、どんなことから話しかけますか？　何か話題になる質問を考えてみてください」。

すると、彼女たちは「最近、旅行されましたか」「どんなテレビ番組を見ていますか？」「嫌いな食べ物ありますか？」などの質問を考えてくれます。

「いいですね、そんなボールを投げると何か返ってきますよ」と話します。短い時間でしたが、その日のインタビューの勉強が役に立っているようです。そこからキャッチボールがはじめられそうな気がしました。


ところで現実の話をしますと、いざ出所しても美容院への就職は難しいようです。その理由のひとつは、採用をためらう美容院が多いこと。もうひとつは彼女らの年齢が一般の新人美容師と比べて高いということです。刑務所在籍中に2年間の研修を受けるわけですから、短期間で出所したり、仮釈放される人には訓練を受講させられないので、結果、中長期の収容者が学ぶことになるわけです。せっかく培った技術ですから、活かしてもらうことを祈るばかりです。それは「美容師」に限りません。その他にも男女ともに刑務所では様々な資格を取ったり経験も積んでいます。それを「社会を生き抜く力」に活かしてほしいものです。

女子刑務所の本音と嘘

女子刑務所のコミュニケーション講義でも「大喜利」のような質問をしてみます。これも私とのキャッチボールの練習です。

「私から100万円差し上げます。自分のために何に使いますか？　24時間以内で使ってください。貯金は駄目よ。さぁどう使いますか？」というものです。

男子とのやり取りは先に書きましたが、こちらではちょっと違った答えが返ってきました。聞いているうちに愉快になってドンドンとフリートークは進みましたが、ちょっと脱線気味になってしまったくらいです。

私「はい、そこの女性、どうですか！」
受刑者「旅行に行きます」
私「どこへですか？」
受刑者「北海道です」
私「誰とですか？」
受刑者「母親とです」

私「北海道のどこに行きますか？」
受刑者「函館です。ロープウェイに乗って山頂から夜景を見たいです」
私「何を食べますか？」
受刑者「母親の好きないくら丼を食べたいです」

どうですか？　最後の2つの質問には、私の聞いた質問以上の答えが含まれているのです。「北海道のどこ？」という質問に答えは場所だけでも良かったんですが、行き先の「函館」と目的も含まれています。「何を食べますか？」の質問にも「メニュー」だけではなく、「母親の好きな」が加えられています。どうでしょう。皆が皆ではないですが、男子の多くは聞かれたことのみの答えをくれていましたが、女子は少し違いました。親切なのか丁寧なのか、サービスなのか、どうなんでしょう。男子とは違う心理があるのでしょうか。
他の女子たちも、驚くべきやり取りをしてくれました。

私「何に使いますか？」
受刑者「一発勝負に張ります」
私「賭け事ですね」
受刑者「はい」
私「まぁ公営ギャンブルなど、世の中には賭け事で良いものもあるので、それならば好きに使ってもいいですよ」
受刑者「よろこんで張らせてください」
私「ただそう言うことと、今ここにいることが関係しているのなら駄目ですよ、本当に」
受刑者（笑顔）
私「じゃあ100万円は渡せません。他に自分のために使いたいものはありませんか」
受刑者（無言）

　私を笑わせようとしているボケなのか、正直なところなのかわからなくなったので、その女性には続いて質問できませんでした。そして次の女性です。

私「何に使いますか？」
受刑者「韓国に行って顔の整形手術をしたいです」
私「憧れの顔をイメージできているのですか？」
受刑者「はい、アゴと頬骨を削って、鼻を少し高くしたいのです」
私「なるほど、よく調べていますね」
受刑者「はい、日本円で大体120万円かかります」
私「あら、私の予算は100万円ですよ」
受刑者「そうでした。それなら変更します。両手の注射痕を消します」（と言って、服の袖をめ

くる仕草）
私「見せなくっていいです。そうですか……」
　さすがの私も無言になりました。吉本興業にいた頃なら「素晴らしい答えです！」「すべらんなぁ！」なんて言ってたかもしれませんが、この場ではそういう返しをするわけには行きません。腕まくりをしようとしていた彼女をすぐにスルーして、別の女性を指名しました。本番に強いはずの私もさすがに無口なおじさんに変貌してしまいました。
　続いては淡い紫色のセルフレームのメガネ女子です。東京の山手線や大阪環状線でもよく見かけるような高校生か専門学生くらいの年齢の女の子でした。もう何人もが私とのやり取りを済ませたあとですから、聞かれたことだけではなく、積極的に色々と話してくれます。

私「何に使いますか？」
受刑者「実は兄弟が７人いるのですが、みんなで東京ディズニーランドとディズニーシーに泊りがけで行きたいです」
私「なるほど、みんなで泊まりに行ってもまだ予算は残るかな？」
受刑者「はい、足りると思います。１円も残らないぐらいお土産をみんなで買います」
私「それはいい記念になりますね。是非楽しんできてください！」

こんなやり取りをしました。インタビューという名のコミュニケーションの取り方の練習だったのです。やり取りの中身に少々問題のある人もいましたが、それは置いておいて、皆さん、素直に会話を進めることができました。娑婆の空気やテンポを思い出してもらえたのかもしれません。美容師になった暁には是非こういったテンポでキャッチボールをしていただきたいと伝えました。

そんな彼女たちとのやり取りも終え、授業も閉め、すべて終わってから刑務官の方と話をしました。

「最後のメガネの女の子、若く見えたけど、兄弟が7人って今どき珍しいですね。兄弟はどんな年齢なんでしょうかね。彼女、何をしちゃったんでしょうかね、ここにいるってことは……?」

と聞きますと、思わぬ答えが返ってきました。

「嘘ですよ」

「えっ、どこが嘘ですか? ディズニーランドに行きたいってことがですか?」

「いいえ、7人も兄弟はいないですよ!」

「じゃ、3人とか?」

「いや兄弟は誰もいないですよ」

「それって、何なんですかね?」

「さぁ、なぜでしょうかね?」

私にとってはまったく予測もつかなかった「嘘」だけに、開いた口が塞がらないとはこのことでした。そして私には解けない大きな疑問として残ったので、刑務官に再び問いました。

「私の講義中に嘘をついていたとわかった時、なぜその場で『嘘をつくな！』とか言わないんですか？　私の講義の途中やからですか？」

しかし、それに対する返事には、また唖然としてしまいました。

「講義の中で嘘をつくなと言っても治りません。彼女たちはずっと嘘をついて生きて来ているのです」

どうでしょう。深い話です。「嘘つきは泥棒の始まり」を地で行くようです。その受刑者がどんな罪状なのかは聞かないし、教えてはもらえないというルールで刑務所に通っているので、聞くことはできないのですが、気になって仕方ありませんでした。

いまさらなんでしょうが、「嘘撲滅」こそ、教育における最大級の優先取り組み事項ではないでしょうか？　その教育は、何歳から必要になるのでしょうか。躾《しつけ》や教育の必修科目とも言えると思いますし、幼稚園や保育園でも十分に教えられることのはずです。

悪の根源ともなる「嘘」がどこからやって来るのかについては私の専門ではありませんが、私の本業（「謝罪マスター」の肩書で活動している）でもあるほうの「謝罪」につきまとう多くの失敗の原因が、「言い訳」「その場しのぎ」「逃避」「弁明」「弁解」「申し開き」などです。そして多いのが「〇〇。でも〇〇」という口癖と、「嘘」が挙げられます。

こういう「駄目な謝罪」をしてしまう理由としては「自信がない」「自分が自分のことをわか

っていない」「何でも他人のせいにする」「嫌われたくない」などが多いようです。別にだからといってそうした謝罪をする人が犯罪に走るというわけでは決してありません。しかし、そこにヒントがあるような気がしました。多くの犯罪の要因に見え隠れする「自分勝手」「自己中心」などが、この「嘘つき」と大きく関連しているように思えるのです。

『犯罪白書』(2003年版)「少年凶悪犯罪の増加の背景」によると、「少年犯罪の発生には、家庭環境・教育環境や就業等社会的環境による影響のほかに、環境等により形成された少年自身の学習意欲・性格・意識が強い影響を及ぼしているものと思われる」とあります。この原因解析のベースには「嘘をつく」という行為が潜んでいるようにも思えます。コミュニケーション能力の面から見ても、「嘘」でバランスを取ろうとする無理が歪みを起こし、場合によっては犯罪につながると言えるのではないでしょうか?

刑務官の言う通り、今のままでは更生施設では「嘘つき」を治せないような気がします。ただ放っておくと「不治の病」とでも呼べる厄介なモノになってしまうと思います。是非とも心理学の観点からでもいいです、「嘘をつかない人間の形成」を刑務所のメニューに加えていただきたいものです。

先の項でも書きましたが、実際、「美容科」出身で試験に合格した者の出所後の就職の話を聞きますと、ほとんどが美容師にはなっていないという厳しい現実があるようです。

そこで私の頭にフト思い浮かんでしまったことがあります。それは、彼女たちは本気で美容師になりたいと思ってこの「美容科」に入ったのだろうかという疑問です。

2年間、「美容」を学ぶことを選んだのではなく、「作業」ではない、仲良しと一緒に学ぶ場にいられるという時間がほしかっただけではないのかと思ってしまいました。

この「美容科」修了の彼女たちだけに限らず、他の男女刑務所の職業訓練で得た資格の多くも社会ではなかなか活かされていないように聞きました。時間つぶしに「訓練」を選んで受講しているとは思いませんが、みんなはどこまで本気なんでしょうか？

最後まで塀の中の違和感を覚えた1日でした。

女子刑務所と男子刑務所との違い

折角ですのでもう少し女子刑務所のことを考察してみたいと思います。笠松刑務所に行くまで、男子刑務所での講義しか経験のなかった私にとって、女子刑務所での講義は相当緊張しました。女子を特別扱いすることもないタイプだった私ですが、現場が刑務所となると、女子たちとどのように接していいか、そのトーンがわからなかったので戸惑いがあったのです。

前項に書いたように、講義の部屋に入った時に感じたのは、「優しい」「ゆるい」空気でした。しかし、懲役を受けている彼女らのいる環境を簡単に、それも先入観だけで語ることはよくありません。もう少し肌で感じ取ったことを自分なりに分析してみたいと思います。

まず、そんな雰囲気を生み出す背景として感じたこと、それは「男前が講師でやってきた！」というものでは全くありませんでした。私は男前でもありませんし。

私が講義の中で話したものにこういうのがありました。女子の皆さんがそうだというものでもないとは思いますが、褒め言葉も含めてこんな話をしたことがあります。

「女子は『マルチ・タスク対応』といって、男子から見たら器用だと言われることがあります。同時にいくつものことができたりするのです。『やらなければならないこと』を『タスク』と言います。男子は『あの山を目指せ！』『はい、オー！』みたいにみんなで1つのことを目指すのが好きだし、そういうのが上手いんですが、晩ごはんづくりは苦手だったりします。晩ごはんを作る時は、最初に何を炒めるかとか、どのタイミングでお鍋の火を入れるとか、最後にレンチンするものは何かとか、それぞれの料理の順番を決めて調理して、最後には見事にテーブルに並べる……みたいなことが必要です。料理下手なボクなどにすれば、魚は焦がすわ、味噌汁は沸き立ってるわ。終いにはレンチンしたのを忘れて、翌朝に出合ってびっくりしたりするもんです。女子はそういう『いくつもの視点』を同時に持って行動ができる人が多い気がします。お料理に限らず、周りが良く見えてるなと思う人は多いんですよね！」

するると何人かは嬉しそうです。「それ、私はできるわ」みたいな反応です。そんな話を聞いているみんなの表情は微笑ましいものでした。よく言えばゆったりと、悪く言えばマイペースな空気です。実はそんな雰囲気を最初に感じたのは、作業中の工場での姿を見た時です。男子刑務所の工場のような緊張感溢れる感じはなく、女子刑務所は、どこか楽しげなんです。

これを支えているのは、その工場の女子担当官の持つムードのような気がしました。役どころとしては母親か、小中学校の担任の先生といったところでしょうか。クラスの総責任者のような人です。受刑者よりも若い刑務官もいますが、全員凛々しく受刑者と接しています。

少し現場の声を聞きますと、何かの作業をしているときにうまくいかず、担当官に注意を受けると凹むそうです。注意されるのがイヤで落ち込むのではなく、上手く行かないことで落ち込むのだそうです。ここでも褒めてほしい気持ちが強いのではないでしょうか。また逆に、怒られることで「気分がスッとする」という感覚もあると聞きましたが、これもわからないでもない気がします。ほぼ変化のない毎日を過ごしている中で、担当者との関係で一喜一憂を感じているわけですから、そういう意味ではとても人間臭いと言えます。これは「愛情」に飢えているからなのかもしれません。「見てほしい」「語りかけてほしい」「注意をしてほしい」「叱ってほしい」。そして本当は「抱きしめてほしい」のではないでしょうか？

ちなみにこれは女子刑務所ならではの話ですが、女子受刑者が自分自身の子を刑事施設内で養育したい旨の申出をした場合、それが認められた時は、その子が1歳に達するまで、これを許すことができます。出産前に収容された場合の措置です。また出産は施設外の病院などで行います。そうでないと子どもの出生地の住所が刑務所のものになるからです。施設の中で「母親」が誕生する時です。

さて、私は犯罪学の専門家でも何でもないので、「愛情」と「犯罪」を関連付けることはできませんが、男子刑務所との違いで気付いたことがあります。それは、女子受刑者には「帰る所がある」というアドバンテージがあるような気がする、ということです。

もちろん一概には言えないことですが、家族や家庭のあり方が大きく影響するとは言えると思います。それで言うと女子は男子に比べ、旦那さんが待っていたり、実家の両親が待っていたり、頼れる人が存在するケースが多い可能性があります。男子刑務所では何人もの満期釈放者に話を聞きましたが、多くが「仕事が決まらない」と同時に「帰る家がない」と言います。イコール頼れる人がいないということです。

これはまったく根拠があることではないのですが、もしかしたら女子たちには「帰る家がある」といった安心感があり、それが再犯防止につながっているのかもしれないとふと思ったのです。

男子は犯罪傾向や刑期、懲役かどうかで入る刑務所が違いますが、女子にはそういう区別はありません。矯正目的の分類で工場や部屋分けはされてはいますが、どんな犯罪であれ同じ刑務所に入ります。そしてそれに加えて、彼女たちの部屋には鍵がかかりません。トイレは各部屋にはなくて、部屋の外にある共同のものを使うので、部屋からは自由に出入りができます。ただ学寮ではないので他の部屋への自由な出入りは認めていません。そのために弊害もあるようで、トイレに行って密会や密談をしたり、コソッと別の部屋に行ったり、勝手な手紙のやり取りをしたりが行われることもあるようですが、それらはもちろん規則違反です。

気になったので調べますと、江戸時代においては「一等級罰」を受けるとなると、極刑で男子は打ち首でしたが、女子は島流しや所払い等でした。女子は昔から優遇されていたと言ってもいいかもしれません。しかしどうしてなんでしょうか。当時から再犯率の可能性のあるなしも勘案されたのでしょうか。

「ジェンダー平等を実現しよう」「男女平等を実現しよう」というキーワードを刑務所内に持ち込むのは時期尚早かもしれませんが、皆さんはどう思われますでしょうか？

まだまだ女子刑務所は男子刑務所と比べて対応が甘すぎるかもしれません。とはいえ私は、男子刑務所並みに厳しくするのがいいと言いたいのでは決してありません。

例えば髪型では男子は丸刈り、女子は髪型自由なので男子も女子に合わせますか？　目的の達成のための施策という観点で考えればいいことだと私は思います。何でも男女別になっているルールを平準化すればいいとも思いません。

管理する側で見ますと、女性も男女刑務所問わず所長をされています。看守長も副看守長もやられます。刑務所の泊まり勤務もありますし、1人で所内の巡回もします。こういうのはどこの刑務所でも変わりません。ただ聞く所によると、男子職員は女子受刑者の裸は見ませんが、女子職員は見たい見たくないは別にして、男子の裸は見ることはあるとのことです。これはいいですか、許してあげましょう。

ところで最近、スーパーや駅の公共のトイレの清掃で男子トイレに女性の清掃員がいることにクレームをつける人が出てきました。また男子の銭湯やサウナには女性の従業員がおられますが、それにクレームを付ける人もいます。羞恥心から来るのでしょうか、難しい時代になってきました。しかし刑事施設の女子風呂や女子トイレの清掃には男女ともに入ることがあるそうです。ジェンダーによる男女の差別を解消しようというのとごっちゃになってきている感じがします。

ここで少し刑務所内での「ＬＧＢＴＱ」についても触れたいと思います。これは実際に日本の刑務所内での緊急課題になってきています。「ＬＧＢＴＱ」とは「レズビアン」「ゲイ」「バイセクシュアル」「トランスジェンダー」「クイアやクエスチョニング」の頭文字をとった言葉です。「基本的人権」の視点から見て、可能な限りの保護が必要だと思いますが、現在の施設の運営からみて、まだまだ対応しきれていません。同室、トイレ、入浴、着替えなどすべてが苦悩と苦痛だと言います。ただ左記のように別の例もあり、それはそれで問題でもあります。

これはアメリカの女子刑務所の話ですが、トランスジェンダーの受刑者（身体は男性、性自認は女性）が、同刑務所内の女性受刑者2名を妊娠させ、その後男子刑務所へ送致されるという事件がありました。

これはとても難しい問題です。日本においては「戸籍」で行き先の施設を判断をするのですが、刑務所内での処遇はケースバイケースということで、無理に共同室に入れることもなく、単独室に入ってもらったり、作業もその室内で行うなどの対応にしているようです。

以下は日本国内の話です。その人は元々、男性として生まれ、後に医療機関で「性同一性障害」との診断を受けました。その後、タイで性別適合手術を受け戸籍上も女性となる手続きを済ませ、名前も変えました。その人物が後に殺人事件を犯した時、警視庁の留置施設に収容され、起訴後に東京・小菅の東京拘置所に移送されました。その後、実刑確定後は女子刑務所に収容されたという事実もあります。戸籍を優先させるという考え方に基づくものです。

昨今、「性同一性障害者の性別の取扱いの特例に関する法律」により、性同一性障害者とは、法により「生物学的には性別が明らかであるにもかかわらず、心理的にはそれとは別の性別であるとの持続的な確信を持ち、かつ、自己を身体的及び社会的に他の性別に適合させようとする意思を有する者」とされています。今後、刑務所でどう対応するかを迫られる場面は多々発生すると予想されています。女子大然《しか》り、女子刑務所然りであります。

釈放と保釈、拘置所と刑務所、違いは？

「釈放」とは一般的な言葉としては、身体拘束から解放されることをいいます。会社員でも、辛かった仕事やプロジェクトが終わって解放された時に使いますよね。仕事が「懲役ぐらい厳しかった」ということからそう言うのでしょう。

最近のネット・ニュースによりますと、新卒の社会人が企業に勤めることを「懲役40年」と呼んでいるそうです。一昔前の終身雇用制度でいうと、定年まで40年間同じところで働くことからそう言うようです。ついでに、転職することは「脱獄」だそうです。お勤めがイヤなら、起業するとか、職人になるとか、おやじの背中を見て跡継ぎになるとか、色々あると私は思います。

まぁそこで「釈放」の話に入っていく前に「保釈」との違いをお話ししておきます。「釈放」とは、裁判が終わって実刑判決を受けた後に刑務所から出所する際の手続きのことですが、「保釈」は裁判が終わる前に一時的な帰宅を許された状態です。裁判中か後かという点で、全く異なるものなのです。

ここからニュースでよく目にする政治家やタレントが逮捕された後の「保釈」の話です。保釈のうち、権利保釈（刑事訴訟法第89条では保釈請求があったときは原則としてこれを許さなければならない）の要件についてみていくと、実務的にポイントとなるのは、「罪証隠滅のおそれ」

「逃亡のおそれ」の2点となることが多いです。これらの「おそれ」がないとされる者は保釈が認められる、と解釈されています。

「保釈金」とは、正式には「保釈保証金」と言います。これは被告人が起訴された後に被告人の保釈を認めてもらう代わりに裁判所に納める金銭です。保釈金は裁判所の出納《すいとう》課に納付しますので、裁判所の開庁時間外には納付できません。できるだけ早い保釈を目指すならば、起訴前から保釈請求の準備を整え、起訴後すぐに保釈請求すること、そして、保釈決定前に保釈保証金の準備を整え、保釈決定後速やかに納付することが大切です。覚えておきましょう。

ただしこの保釈金は、被告人が、裁判所が保釈の際に定めた条件等を遵守して刑事裁判に出頭し、判決の言い渡しを受けた場合には全額返金されますが、被告人が裁判所の条件を遵守せず、逃亡した場合などは、保釈保証金の全額又は一部が没取されることになります。

なお保釈金の相場としては150万〜300万円くらいと言われていますが、被告人の属性によっては、様々な保釈金が設定されることもあります。タレントの場合、あえて名前は伏せますが、覚醒剤取締法違反（使用）の容疑、大麻取締法違反、道路交通法違反と自動車運転死傷処罰法違反（過失運転致死傷罪）、麻薬取締法違反容疑などで起訴されると300万円ほど。それが大物タレントだったり、覚せい剤と大麻のダブル容疑だったり、強制性交容疑とかだと500万円オーバー。知り合いとの共犯で詐欺・恐喝未遂の罪となると2000万円から3000万円。5億円以上の所得隠しと脱税とかで5000万円は行きます。政治家ですと、あっせん収賄容疑と受託収賄容疑で5000万円。相続税の脱税容疑で3億円。大物実業家になると金融商品取引法違反容疑（有価証券報告書の虚偽記載など）で1億円。贈賄罪で2億円。インサイダー取引で7億円。ちなみにカルロス・ゴーンは、金融商品取引法違反の容疑で逮捕。加えて特別背任の容疑で逮捕され、追起訴され保釈金合計15億円。その後、カルロス・ゴーン被告はレバノンへ無断で国外逃亡をはかり、保釈金は没収されています。

ということでその額は、「被告人の収入額や家族構成などや被告人の経済的状況」「罪の種類の違い、前科の有無、刑罰の重さの予想」などの要素を考慮して算定されるようです。

保釈金を準備できないときは一般社団法人日本保釈支援協会が保釈保証金立替をしてくれるとのことです。吉本興業の芸人養成所「よしもとNSC」の入学時、年間の授業料を払えない人には「よしもとファイナンス」が貸付をしてくれる仕組みに似ています。

ここでまた、読者の方はほとんどお世話にはならないと思いますが「拘置所」「留置場」と「刑務所」の違いも覚えておきましょう。

「拘置所」は裁判所に対応して置かれている法務省の施設です。実は「死刑囚」は刑務所にはいません。「拘置所」に収容されています。「刑務所」に収容されているということは刑の執行中を意味しますが、「死刑囚」は刑の執行は刑務所で懲役を受けることではないので、「拘置所」に滞在します。

また「留置場」は逮捕した者を入れておく施設で、警察に設置されています。留置場には本来は、国の施設である拘置所に入れるべき勾留中（住所不定、証拠隠滅のおそれ、逃亡のおそれのうちの一つ以上の理由があれば）の被疑者や被告人を入れておくことができます。世間一般では「ブタ箱」と呼ばれたりします。一方で事件性のない泥酔者の確保や保護に使うのは、留置場でなく「保護室（通称トラ箱）」に入れられます。夜にはトラだった人が翌朝には借りてきたネコに変貌すると言われるところです。

ついでに「拘留」と「勾留」も混乱しますので説明しましょう。読みが一緒なのでこちらも業界では拘留を「てこうりゅう」、勾留を「かぎこうりゅう」と呼んで区別することがあります。「拘留」とは既に判決が下された後の刑罰の一種に対し、「勾留」は刑罰ではありません。逮捕された被疑者が逃亡や証拠隠滅などをする可能性がある場合に、逮捕後も継続して刑事施設に身柄を拘束しておくことをいいます。勾留は「勾留状」を必要とし、その例外はありません。

これで犯罪に関するニュース、少しは理解が進むようになられたのではないでしょうか？

祝・釈放！ ラストの追い込み！

お待たせいたしました。いよいよ、塀の中から脱出です。「釈放」を手に入れたら「仮」であれ「満期」であれ、釈放前に今までの居室から別棟にお引越しです。一般の社会生活復帰のためのシミュレーションの始まりです。「指示や命令がなくても自分で決めて動ける」ようになるためのレッスンを開始するのです。

個室が与えられ、トイレ・風呂も部屋の外の共用のものを使います。部屋には鍵も掛かりません。仮釈放で2週間、満期だと1カ月ほどこの練習期間に充てられます。刑期の短い人はそんなにギャップを感じないでしょうが、私が通っている施設は刑期が8年以上の人も多く、浦島太郎状態でもあります。塀の外にいても日進月歩だらけの今、物質や技術の変化だけではなく、人の心さえも変わりつづけています。

私が任されている「コミュニケーション能力アップ」の講義で言うと、先の項で書き並べましたが「ハラスメント」は時代によって大きく変わりました。また今も変わり続けています。「LGBTQ」の知識に関してもそうです。知らないこと、わからないこと、そして変わったことなどに一気に追いつかねばならないのです。

変化はいたるところにあります。それこそスーパーに行けば野菜の値段の高騰を憂うでしょうし、喫茶店のコーヒー代より安いコンビニコーヒーの美味しさに感動します。携帯電話がスマートフォンに変化していますし、鉄道の自動改札や電子マネーもそうです。私のタブレット端末の本体からキーボードが外れるのを見て驚く人もいました。アップルウォッチというスマートウォッチを生まれて初めて見たという人もいました。

特にスマホの機能については、説明すればするほど「想像もつかないし、訳がわかりません」と返ってきます。確かに私自身、使いこなせているとは言えません。アプリの種類も毎日のように増えますし、使っていたものもアップデートされていきますので、理解が追いつきません。ちなみに受刑者が興味を持ったアプリとしては、「GPSによるカーナビ機能」「電車の乗り換えガイドや料金案内」「ニュース無料購読」「地震・災害案内」などがありました。

このように出所前には多くの「社会を知り、社会に馴染む」練習をしますが、他にもたとえば「履歴書の書き方」も教わります。出所後に仕事を持つためにも必要だからです。

しかし何人かの受刑者に聞いたんですが、これは実態として厳しく辛いものでした。

履歴書に正直に「何年から何年まで○○刑務所。何年から何年まで△△刑務所に服役」と書いたら採用を避けられることもあるでしょう。記入をごまかした学歴・職歴・犯罪歴詐称などは罪にはならないかもしれませんが、企業によっては懲戒処分の対象となったり、内定取り消しや解雇の理由にもなってしまいます。

結果、出所後の就職に関しては、本当に理解ある企業や団体か肉親、友人に助けられることがほとんどだそうです。では何のための履歴書かと言いたくなると思いますが、私の講義では「履歴は自分史です。変えることも消すこともできません。ただ、明日の歴史は自分で作れます。変えられます」と付け加えて話しています。

出所前の講義では、「計画書」を作成する時間もあるそうです。これは、1日単位での生活の様式やリズムを職員と一緒に作成し、それを1週間、1カ月の場合はどうするかなど、計画性を持つための練習です。

その計画書を作成する時は、まず「欲しい物」を聞き取るそうです。パソコン、車、スマホ、炊飯器・鍋や食器類などなど。今度はそこからすぐにいる物といらない物を分別し、「すぐに必要ではない物」があることを理解してもらいます。夢はいくらでも膨らむのですが、手元にお金はありません。現実を見てもらいながら生活設計を一緒に行うとのことでした。

プログラムは他にもあって、テレビの料理番組の録画を観て、カレーや炒め物、煮物料理の作り方などを学んだりもしているそうです。また、新聞の折込チラシを見せて物価を知る授業もあるので、それを参考に、保存しやすく使い回しのきく具材を買う時の方法、値段や量なども学ぶそうです。

そして「就労支援」の授業もあります。就職については、専門家も招き、刑務官も多くの時間を費やします。昨今は職探しをするツールが「雑誌」から「携帯電話やスマホ」に変わりました。ただ、まだ刑務所の中で携帯電話もスマホも持つことはできませんので、授業ではペーパーで教わります。

出所後にハローワークに行って相談することもできますので、先程の履歴書の準備も必要です。

また面接の仕方を教わり、シミュレーションもしてみます。私が授業で話した「コミュニケーション力」を発揮してもらえたら嬉しいところです。

出所後から次の生活のスタートまでのつなぎに「更生保護施設」というものがあることを補足しておきます。ここでは生活基盤の提供として宿泊・食事の供与、就労指導、生活指導、福祉・医療の斡旋《あっせん》なども行います。滞在期間は原則６カ月まで（少年は延長可能）です。

私もある更生保護施設を見学に行きましたが、居心地がいいのか、期日ギリギリまで居座ってしまう人も多いそうです。その施設で聞きますと、この施設で知り合った者同士は早々に格安スマホを手に入れ、無料Ｗｉ－Ｆｉをキャッチしに近所のコンビニへ施設のレンタサイクルを使って通っているそうです。こういうことを覚えるのは意外と早いようです。

性犯罪者プログラム「R３」は何の略？

英国人のスーパーソウルシンガー、エイミー・ワインハウスは27歳で亡くなりました。死因は薬とアルコールのオーバードーズです。２００８年の第50回グラミー賞で主要3部門を受賞した時は、ロンドンから衛星生中継で式に出演して「ユー・ノウ・アイム・ノー・グッド」「リハブ」を歌い上げ、感動的な歌声を聞かせてくれました。

この「リハブ」とは「リハビリテーション」の略です。歌のなかでは薬物依存の自分自身に対してそこから抜け出すように諭してはいるけれども、「イヤだよぉ」と抵抗する様子を歌っていたように思います。

さて、この「リハビリ」の頭文字の「R」は刑務所の更生プログラムのタイトルに使われています。たとえば性犯罪者向けに組んでいるプログラムが「R３」（性犯罪再犯防止指導）と言われているのです。性犯罪者は刑務所の中で他の受刑者に自分の罪名をほぼ隠すと聞きます。すごくバカにされ、嫌われ、いじめの対象にもなるからだそうです。「R」は0から6まであり、他には、R１（薬物依存離脱指導）、R２（暴力団離脱指導）などがあります。

R３は、「性犯罪につながる認知の偏り、自己統制力の不足等の自己の問題性を認識させ、その改善を図るとともに、再犯をしないための具体的な方法を習得させることを目的とするもの」

です。

性犯罪の種類ですが、暴力や接触が伴う性犯罪には「強制性交」「強制わいせつ」「痴漢」「児童売春」などがあります。また暴力や接触が伴わない性犯罪には、「盗撮」「露出」「下着泥棒・窃盗（色情ねらい）」「つきまとい」「覗き」「わいせつ物頒布」「児童ポルノ製造」などがあります。私が講義で会う人は複数名の被害者を出した「強制性交」が多い印象です。「Ｒ３」を受講する期間だけ私のいる刑務所に転入（留学？）してくる人もいますし、タイミングによっては講義終了後にその刑務所から釈放されていく人もいます。２００３年に東京で起きた超有名大学生サークルによる集団強姦事件の主犯も釈放後のインタビューで、私のよく行く刑務所で「Ｒ３」プログラム受講のことを話していました。

さてその「性犯罪再犯防止プログラム」ですが、プログラム内容などを月刊誌『更生保護』や法務省の資料などから拾ってみました。

「Ｒ３」プログラムは週１〜２回実施。期間は、再犯リスク、問題性の程度などの適合性等に応じて、高密度（９カ月）・中密度（７カ月）・低密度（４カ月）のいずれかのプログラムを実施することとされています。

コアプログラムとしては、全５セッションで構成されています。

その５つには「自己統制」「認知の歪みと変容方法」「対人関係と親密性」「感情統制」「共感と被害者理解」が用意され、基本全てグループワーク（及び個別に取り組む課題）の方式を取ります。

重要なのは、グループワーク方式で行うことです。教育専門官とカウンセラーも加わり、受刑者が複数で輪になり議論します。自分が何をしてきたかを客観的に見て、それを言葉にして、みなと意見交換するのです。

これは、問題行動（性犯罪）の背景にある自らの認知の歪みに気付かせ、これを変化させることなどによって、問題行動を改善させようとする方法です。何回も何回も議論をします。自分を語り、人のことを語り、意見を言い、意見を聞く授業です。多くの人は「話すこと」と「聞くこと」という「キャッチボール」を通して「我」を知ることになります。そしてそこで「自分の認知の歪み」を知ることになります。

僭越《せんえつ》ながら、私のコミュニケーションの授業でも、「自分を知り、人を知り、意見や感想、アドバイス」と回していくプログラムを行っています。また偶然ですが、「みなが知らないハラスメント」講義でも同じです。「自分がいいと思ったから」「相手も喜んでいると思ったから」「周りも笑っていた」などこれ全て、認知の歪みですと話しています。

もし認知の歪みが起こったなら、なぜそうなったかの自覚を深め、再発防止に努めてほしいです。これは「謝罪マスター」からの切なるお願いです。

「守る人命」と「守る人権」

いま現在、議論されているのが、性犯罪者の出所情報を公開する制度の是非です。

2004年に奈良県で発生した女児誘拐殺人事件の犯人が過去に2度の強制わいせつ致傷事件による前科を有していたことから、米国の「ミーガン法」や韓国の「性犯罪者身上公開制度」を踏まえ、性犯罪者の出所情報を公開する制度を設けるべきだとの主張が国会議員から上がり、法務部会において議員立法の検討に入るとの決定がなされているのです。

米国「ミーガン法」は、1994年にニュージャージー州で成立した性犯罪者情報公開法の俗称です。被害者女児の名を由来としています。米国のほとんどの州では、犯罪者の名前、写真、住所、出所（仮釈放）や転入・転出の情報、犯罪の内容などが公開されています。場合によってはインターネット上で身元を特定することを司法権力に要求できたりもします。

これらの情報はネット上にあったり、新聞に掲載されたり、チラシやパンフレットで配布されたり様々な方法で公開されています。住居に性犯罪歴があることを示す印を掲げるよう求めている州や、累犯者に対してホルモン療法を強制する州もあるようです。

この我が身を守る徹底ぶり、お見事です。日本のように「何でもかんでも個人情報保護」なんて言わず、人命のために法が決められ、作られて、守られている様子です。

もちろんこの「ミーガン法」がそのまま日本に適しているかどうかの議論は重要です。当の米国でさえ、ミーガン法の賛否は出続けています。本当に再犯防止になっているのか、住民からの報復につながらないのか、出所者が広い範囲で移動した時、即座に対応できるのか？　などの意見もあります。

誘拐や性犯罪に対して備えあれば憂いなしと、常習性が見られる犯罪者にはＧＰＳの装着が義務付けられています。１９９０年代以降はＧＰＳを利用した追跡システムが採用されていますし、以後欧米を中心に子供を狙う性犯罪者を監視する目的で導入されているようです。現在では性犯罪者だけでなく在宅の被疑者や仮釈放中の者にも装着されています。

こうした取り組みに、私自身は賛成です。ストーカー犯罪も、言うたら叱られますが、「犯罪が起きないと警察は動けない」「事件が起きないと逮捕はできません」と言います。２０２３年１月にも残念な事件がありました。被害者は事前に警察に相談しておられ、ストーカー規制法に基づき男性に口頭で警告をしていましたが、つきまといなどがやまず、警察は男性に対して、つきまとい行為などを禁じる「禁止命令」を出したと言いますが、何かが起きないと逮捕などには至りません。

これまでにいくつの事件が起きたでしょうか？　それらは通り魔などではありませんでした。過去の経緯から起こる可能性がある、まさに「虞《おそれ》」を感ずることができた事件も含まれているように思います。

お隣の韓国はどうかといえば、「性犯罪者身上公開制度」というものがあります。性犯罪被害防止のために、性犯罪者の個人情報をインターネット上で公開する制度で、「性犯罪」としての有罪が決定すると「性犯罪者身上情報データベース」に個人情報が登録されます。

また韓国では2007年に「位置追跡電子装置装着法」が成立し、性的暴行犯を対象にGPSアンクレット（足輪）付着制度が本格的に施行されました。監視は24時間体制で、禁止地域や禁止地域近くの緩衝地域に対象者が入ると、警察が対象者に電話。緊急事態と判断される場合には警察が急行することになっています。制度導入前と比較すると性暴行などの再犯率は88％減少したといいます。2021年7月時点で、GPSアンクレットの装着義務がある人は8000人以上だそうです。

このGPSに関しては高い予防効果が注目され、その後の法改正により、「未成年者誘拐犯」「殺人犯・性暴行犯への遡及適用」「強盗犯」へと適用を広げているのが現状です。成果だけを見ていると素晴らしいと言えます。「性犯罪再犯防止」の策として、日本ではどう取り組むか、もっと早くしっかり議論してほしいものです。「人命」「人権」をしっかり天秤にかけて議論してください！

なお国内では性犯罪をめぐっては、2017年の刑法改正以降、被害者を女性に限っていた「強姦罪」という罪名は、性別を問わない「強制性交等罪」に変わり、法定刑も懲役3年以上から5年以上に引き上げられました。また、法制審議会では性犯罪規定を見直しており、2022

年10月、法務省は性的行為に関して自ら判断して対処できる年齢である「性交同意年齢」を現行の「13歳」から「16歳」に引き上げるという刑法改正の要綱案を示しました（ちなみに米国は州によって違いますが「18歳」としている州もあります）。また、中学生に相当する16歳未満まで保護対象にしています。ただこれでは15歳同士などの性行為も罪に問われるため、13～15歳の場合は、年の差がプラス5歳以上の者を処罰対象とするとあり、この「5歳差以上」という年齢差の要件は、健全な恋愛関係に基づく性的な行為を処罰の対象から除外しつつ、年少者の性被害を抑止する観点から設けられたものです。しかし裏を返せば、5歳差以内なら良いという話です。

いずれにしても、日本は「性教育」からして遅れています。この法律のことも親や先生は小中学生に説明してあげてください。

無期懲役刑はほぼ終身刑なのか？

「終身刑」は日本の刑事法には存在しません。「終身刑」というのは、死ぬまで刑事施設に収監されることが確定した刑のことを言います。一方、「無期刑」「無期懲役刑」は刑期を決めず、受刑者を刑事施設に収監する刑です。ここには大きな差があります。

日本では死刑に次ぐ重い刑である「無期懲役」では、ごくわずかな数ですが「仮釈放」が認められることもあります。不思議な話ではありません。施設での矯正処遇をしっかり受け、それなりの結果を出せていれば仮釈放の決定があるということです。ただ仮釈放が許されたとしても、一生保護観察に付されるものであって、結局、無期刑を言い渡された者については生涯にわたり国の監督下に置かれることになります。

仮釈放とは「『改悛の状』があり、改善更生が期待できる懲役又は禁錮の受刑者を刑期満了前に仮に釈放する」ものですが、「社会の感情がこれを是認すると認められないときは、この限りでない」とも定められているところを見ると、犯罪の重大性や被害者家族の意識なども十分に配慮されるものと言えます。

２０２１年現在、無期刑受刑者数は１７２５人。平均在所期間は32年10月。仮釈放のチャンスがないわけではないので、それが日々の生きる糧《かて》になりますが、「仮釈放の決定」は最近では年間、全国で男女合わせて多くても10人には満たないくらいです。「釈放があるにはある」といったところです。

ところで2021年福岡地方裁判所で、女性7人に対する強盗・強制性交等、強制わいせつ致傷などの罪に異例の「懲役41年」の刑が下されました。この「41年」が一つの基準になっていくとすると、無期刑の人たちが切望する「釈放」までの日が延びると言えるかもしれません。


私は刑事施設では「釈放」が決定している人向けに、社会復帰対策のプログラムを組んでいましたが、「無期懲役刑」の人たち向けに研修を行ったことがこれまで二度あります。

普段は「社会に再デビュー」することをイメージしながら刑務所に出向き、「生き抜く力」などについての講義を行っているのですが、さすがに無期受刑者に対してだと「相手を慮る力を身に付けよう」といったテーマはなかなか馴染みませんでした。長きにわたって自分を肯定したまで、ついにここに到った人ばかりだったからかもしれません。

実際、刑務官に聞きますと、そこにいる人はほぼ全員が「死刑」を免れた暴力団関係者で、殺人事件でここにいる人だということでした。いわゆる「ヒットマン」ですね。「反省」とか「後悔」などの言葉は似合わず、どこか吹っ切れたところのある人たちです。もう少し詳しく受刑者のことを刑務官に聞くと、この刑務所の中には暴力団内で反目しあう者もいるので、何があっても両者が所内で出くわさないようにしているとのことでした。小さないさかいで済まなくなる可能性があるということでした。昭和のヤクザ映画みたいな話です。

結局、授業は普段の満期釈放者向けの講義を進めたのですが、最後に練り出したネタは何と、「エンジョイ刑務所生活！」となってしまいました。

どこをポイントに話すべきかを考えていくうちに、「体を壊したり、怪我をしたりすると自分もしんどいし、周りも手伝いなどが大変になるので、健康が一番です！　介護するとか、されるとかがないように、普段の運動も欠かさず、日常の作業なども前向きにこなして、健康で参りましょう！」などと、刑務所生活を元気に過ごすようにというメッセージがこもった中身になってしまいました。私がとっさに考えたこれらの言葉は、「今日を生きよう！」という思いから出てきたものです。ここで重要なのは、彼らが「死刑囚」ではないということです。釈放の可能性のある受刑者だからこそ、私に講義の声がけがあったわけです。

この場で「死刑制度の是非」には触れませんが、少し補足しておきます。

よく聞く話に「外国には終身刑があるが日本には終身刑がない」ということです。だから「死刑」を廃止し、段階的にいわゆる「終身刑」を用意すればいいとも言われます。ただ、外国の「終身刑」が、単純に「死ぬまで刑務所から出てこられない」ものかといえばそうではなく、現実は日本の「無期懲役刑」のように「仮釈放」のある「終身刑」です。仮釈放のない生涯釈放されないものは「絶対的終身刑」「重無期刑」などと言い、別のものになります。

こんな慰問団が来た！

刑事施設における「慰問」とは、基本的に「一般改善指導」の1つです。目的は集団行動・集団生活を学ぶものとされています。それらは決して「娯楽」の提供などではなく、「文化・芸能」に触れることで教養を刺激したり、精神的な安定を持ってもらうためのものです。

慰問は、刑務所ごとの考え方で行われます。年に何回開かれるかも施設ごとに様々です。どうも芸能人の慰問ばかりが目立ってはいますが、現実は地元スポーツ選手も積極的に協力してくださり、オリンピックや世界選手権での話などをしてくれたりして、受刑者に多くの感銘を与えてくれています。

他にも地元の踊りや歌の会、学生の吹奏楽団や、幼稚園児と先生なども協力しています。外部の人が刑務所を知るという意味でも、慰問の機会は大切です。なかなか簡単に中を公開したり交流が図れる施設ではないので、こういう形で塀の中を知ってもらえることは重要なことです。

前述のように、私が生まれて初めて刑務所の講堂の舞台に立ったのも、刑務所からの依頼で吉本興業の若手漫才師と行った「慰問」によるものです。ただ舞台に上がった漫才師も私も緊張しすぎていたので、受刑者にリラックスを提供できたかどうかは疑問です。とはいえ、受刑者にとっては「行儀よく鑑賞する」ということができるかどうかを試される場でもありますので、表情は硬いですが、皆さん前向きに学ぼう、楽しもうという「気」は感じ取れました。

笑い話ですが、女性歌手が舞台で歌った歌詞の中に「カモン」という単語があり、外国人受刑者がそれを真に受けて舞台に駆け上がっていったというトラブルが発生したことがあるそうです。「真面目に楽しもう！」としすぎて、そうなってしまったようです。

吉本芸人のエハラマサヒロが慰問である刑務所を訪れた時、５００人、１０００個の目玉に凝視され緊張したそうですが、吉本の舞台より熱が入り、布施明の「君は薔薇より美しい」の替え歌を熱唱、それも男子向けの替え歌だっただけに大絶賛されたそうです。吉本の舞台ではできないような下ネタでしたが、さすが芸人です。「ウケたらこっちのもの」と勢いよくステージを務めたそうです。

またある刑務官から聞いたのですが「歌の力」で再犯防止を進めたいということで、ぜひ岩崎宏美に女子刑務所に来て歌っていただきたいと願っていると聞きました。リクエストが叶うなら「聖母たちのララバイ」「思秋期」などを歌ってもらい、女子収容者に「優しさ」や「思いやり」を思い出してほしいとのことです。講義ではなかなか伝わらないことを、「歌」を通したメッセージとして伝えたいという思いからです。

吉本興業でも70年ほど前から人生幸朗・生恵幸子らが所属事務所の枠を取っ払い、刑務所などの慰問を行ってきました。私が一時期マネージメントを担当した河内家菊水丸はある女子刑務所で河内音頭を披露したのち、退席時、受刑者に囲まれてしまい、気が付いたらコントみたいに衣装も引きちぎれてしまったそうです。また同じく吉本興業のベテラン漫才師、中田カウス・ボタンが新人の頃、先輩に連れられて少年院に初めて慰問に行った時、目の前にボタンの同級生が座っていたという笑えない笑い話をご本人から聞いたこともあります。

「矯正展」を盛り上げたよ！

「矯正展」とは、「社会を明るくする運動」の行事の一環として全国各地の刑事施設で行われているイベントです。刑務作業の重要性や現状などについて、国民に広く知ってもらうためのものです。

実際に受刑者が刑務作業で製作した「刑務所作業製品」（キャピック）の展示・販売も行っていたり、ビデオやパネルを利用して、再犯防止に向けた矯正施設の取組等の紹介なども行われています。また、収容者の食事のサンプルや彼らの衣類の展示のほか、施設によってはエリアを限定して塀の中の見学会も実施されています。刑事施設で開かれるだけでなく、駅構内やスーパーマーケットの出張展でも行われることがあります。

矯正展で扱われている製品には、桐や民芸の家具から、収納棚、書棚、テーブル、木製玩具、文具、キャンプ用品、石けん、革靴、カバン、枕、便箋、将棋・碁盤、マル獄印のバッグや小物入れと様々です。すべてが刑事施設内での作業で製造されたもので、中にはオーダーメイドによる神輿《みこし》や剣道防具まであります。

こうした刑務所作業製品への、新型コロナの影響は大きかったようです。

まず、「矯正展」の中止が大きく影響しました。家具やカバンのほか、展示即売品の在庫が一気に増えてしまいました。そのため、生産量も抑えることになり、それによって、受刑者の作業時間も余ったりして、その時間、別の処遇を用意せねばならなくなりました。「今日は仕事がないので昼寝でも」というわけには行かないのが矯正施設の使命です。

現在はこのように工場で製造作業に支障が出てはおりますが、製造するものを一般社会から求めることも怠っていません。いわゆる「受注活動」です。つまりは、所内で実作業ができるということは、外部からの仕事の受注もできるということなんです。

刑務所は「懲役」ということで普段は工場で「仕事」をしています。もちろん「仕事」ですから生産力があります。その仕組みを民間企業にも使ってもらおうということで、民間企業からの発注も受けているわけです。元々の考え方では、刑務作業の目的は「受刑者の更生のために勤労精神を養成すること」と、「職業的知識及び技能を付与すること」というものです。そこに乗っかる形で、刑務作業を外の方に利用いただける仕組みです。

所内には製造の道具や機器と人間が勢揃いです。皆さんの心配をよそに「ええ仕事しまっせ!」が工場の売りです。工員の特徴は「間違いなく真面目だし、時間は守る」であります。

現在は一般企業から約200~300の作業の受注があるそうです。

主な作業可能な業務内容には、各種紙袋の加工・細工(水引、製袋等)、プラスチック製品組立、陶器製作、ホタテ網修理、延縄《はえなわ》網修理、伐木、植林、豆選別、理髪、クリーニング、化学製品製作、人形製作、ろうそく箱詰め、医療用検査器材の検品・箱詰め、洗濯ばさみ組立、ボールペン組立、マスコット製作、椎茸栽培、民芸品製作、チラシ封入、七宝焼製品加工、電気部品組立、家電等の解体、布団ばさみ等組立、ヘルメット用あご紐の製作、ヘルメットの塗装……などなど、何でもやります。

ちなみに民間車検より安く車検も受けられるので、運送会社などからレギュラーで車検の注文が入っている刑務所もあるそうです。

刑務所で働く人々

刑務官の仕事内容は、受刑者のスムースな社会復帰をサポートすることです。詳しく書きますと、刑務官とは、刑務所や拘置所、鑑別所などの運営や警備に携わり、受刑者が更生し社会復帰するための指導などに携わる国家公務員のことです。私はこの刑務官と共に行動し「改善更生」のお手伝いをしているわけです。

刑務所の中の部門としては、「処遇部（処遇部門、作業部門、企画部門）」「医務部」「総務部（庶務課、会計課、用度課）」などがあります。また、現場には刑務官の他、法務教官、矯正心理専門職、作業専門官、国際専門官、福祉専門官、修学支援専門官、就労支援専門官、医師・薬剤師・看護師などがおられます。

受刑者の多くは修羅場をくぐってきた人たちです。彼らと接する仕事においては、刑務官自身の人生経験が試されるという側面もあります。

私が釈放前指導導入教育のお話を受けたのも、「多くの修羅場をくぐってきた人」に出会い、更生してもらうことを目的とした講義ができるというところが大きかったです。吉本興業在籍時は「芸人は商品」というテーマで人や芸を磨き一流に仕上げていきました。刑務所での講義にも、自分が今まで使ってきたエネルギーに近いものを出せると感じたからです。

さてそこで、刑務官になる方法です。

刑務官は国家公務員ですから「刑務官採用試験」に合格する必要があります。刑務所では男女別々の施設に受刑者が収容されているため、採用試験は男性を対象とした「刑務A」と、女性が対象の「刑務B」に分けて実施されます。合格後、配属施設が決まると、施設の近くの官舎に入居。研修を経て、実際の勤務が始まります。

通常の試験の年齢要件は「17歳以上29歳未満」です。刑務官採用試験に合格すると「採用候補者名簿」に名前が載り、各施設で面接が実施されて採用が決定する運びです。

その他にも採用ルートがあります。刑務官採用試験では、男女ともに剣道または柔道の有段者を対象とする「武道」の採用枠があるのです。このルートで採用された人は、武道訓練の指導要員としての働きを期待され、警備隊に入ることが多いです。

刑務官採用試験は、受験資格として年齢要件があるものの、学歴についての制限はありません。第１次試験で教養試験と作文試験が、第２次試験では面接による人物判定や身体測定、運動能力検査などが実施されます。この「運動能力検査」は落とせませんね。

刑務官の給料・年収は国家公務員の公安職としての俸給表が適用されるので悪くはありません。公務員の給与が載っている俸給表を見ると、職務の特性上、事務などに携わる行政職の職員よりも12％程度高めに設定されています。また、刑務官は国家公務員としての手当（扶養手当、住居手当、通勤手当、期末・勤勉手当、超過勤務手当など）が支給されるほか、国家公務員共済組合に加入することで、さまざまな給付を受けられます。

なんだかお勧めしているように思われるかもしれませんが、なぜこんなに詳しく紹介しているかというと、刑務官の数が足りていないからです。

確かに収容者数が減ったり、施設自体も減ったりしてはいますが、個別の矯正プログラムなど、受刑者に対して様々な物を準備せねばならなくなってきているいま、一概に職員の数を減らすことができるという状況でもありません。

一方で何人かに刑務官になった理由を聞くと、警官より楽そうな公務員に見えたとか、武道の先輩に誘われたとか、教員からの転職などでした。

実は２０１８年にまとめられた資料で、３年未満に離職する刑務官の割合は22・１％。10年前は18・５％でした。女性刑務官はさらに深刻で、２０１８年には37％が辞めているそうです。

こうした状況をふまえ、刑務官は全国におよそ１万７５００人いますが、法務省は不十分だとして増員を求めているというわけです。高齢者向けだけではなく、多種多様な対応を求められる刑務所を今後どうしていくべきか、ということと併せて考えなければなりません。

加害者と被害者、そしてその家族たちの視点

１つの犯罪が起きると、「加害者と被害者」「加害者と加害者家族」「被害者家族と加害者」「被害者家族と加害者家族」といった人間関係において、それぞれの視点を持ち対応せねばなりません。犯人を逮捕して、懲役を科せば終わりではなく、これはむしろ始まりと言えるのです。

例えば、加害者家族の子どもの権利を見てみますと、

①自己に関わる情報を知る権利
②プライバシー権
③自己決定権
④教育を受ける権利
⑤健康に成長する機会を与えられる権利
⑥差別されない権利
⑦支援を受ける権利

などが挙げられますが、どの権利も守られているのかというと、厳しいと言えます。

ではこれらの権利を被害者家族の子どもに置き換えてみましょう。実は同じ権利があるのですが、同様に保護されにくい世の中であると言えます。

犯罪はそれに関わる両者の家族だけではなく、友人や職場の仲間、近所の人たち、数十人、数百人を不幸にします。矯正施設の職員は「二度と悲しむ人を生み出さない」という思いで、日々、受刑者と向かい合っているのです。

警視庁の資料（被害者等や支援者の声）によると、犯罪被害者等が受ける被害には、

・精神的ショックや身体の不調
・医療費の負担や失職、転職などによる経済的困窮
・捜査や裁判の家庭における精神的・時間的負担
・周囲の人々によるうわさ話やマスコミの取材・報道による精神的被害

などの問題があると言われています。そしてこちらも同様に、犯罪加害者家族の被害としても読んでみてください。ほぼ同様のことが起こっています。

被害者等に関しては、政府や警視庁が立ち上げた「犯罪被害者等施策」があり、その中には「犯罪被害者等給付金」があり、公営住居への優先入居などの支援もあります。その他、警察による支援制度、民間被害者支援団体による支援制度、地方公共団体による支援制度など様々な「被害者家族」のケアがあります。

ところで私の友人にＮＰＯ法人「World Open Heart」の阿部恭子代表がおられます。彼女は元々、犯罪被害者支援の研究をされていましたが、加害者の家族を支援したいという思いから、加害者の家族を直接に支援する日本で初めての組織を立ち上げられました。

目的は「加害者家族の支援」です。「加害者家族」は起きた犯罪には関係ないのですが、加害者の家族というだけで差別を受けます。彼女は、そんな突然の家族逮捕に際して生まれる予想もできない数々の悩みを聞き取り、可能な限りの助け船を出しておられます。「加害者と被害者どちらの家族も苦しんでいる」という理解の下、加害者家族向けのホットラインも用意しているそうです。

犯罪被害者は警察等に問い合わせられることをはじめ「被害者ホットライン」が設けられていますし、事件の処分結果も知ることのできる「被害者等通知制度」などが設けられています。そこでは裁判の行われる裁判所や日時、刑事裁判の結果、犯人の刑務所における処遇状況、出所時期などに関する情報を手に入れることができます。

ただ一方、加害者家族には何の情報も入ってきません。そういう時にこの「World Open Heart」が相談に乗ってくれるわけです。

「調査」と「懲罰」はつらいよ

収容者が施設内でイの一番に覚えるものが、「調査」「懲罰」です。これは日々の生活に関わり、将来の仮釈放にもつながる重要なキーワードだからです。

まず「調査」というのは、文字通り、所内での反則行為について事実かどうかを確認することを言います。基本的には隔離されて、事情聴取を受け、事実調書が作られます。その後、反則者に懲罰を科することが相当と判断された場合には、懲罰審査会が開かれ、そこで弁解する機会が与えられた後、処分が決まります。

調査は、本人が認めている場合は早ければ一週間ほどで審査会となりますが、認めていなかったり、複数人が絡んで話が合わない場合は長引くことが多く、長ければ審査会まで4週間ほどかかります。反則行為が認められない場合は、調査が解除され、工場に出業となります。

反則行為にはどういったものがあるのでしょうか？　よく聞くのは食事の際のトラブルです。おかずを交換したり、取り上げたりすることです。毎日3回ある食事はトラブルの原因になることが多いようです。あとは居室の中での言い合い、口論。刑務官への「抗弁」もあります。抗弁とは民事裁判で使われる言葉ですが、簡単に言うと刑務官への文句や口答えなどがそれに当たります。また、工場での作業時に、やり方がわからないとかうまく行かない時、揉め事が起きます。

これもしっかり聞き入れないと反則になります。反則が認められると、受刑者には懲罰が科せられます。罰則には6種類あり、次のとおりです。

1：戒告
2：禁錮受刑者または拘留受刑者の作業の10日以内の停止
3：自弁物品の使用または摂取の一部または全部の15日以内の停止
4：書籍等の閲覧の一部または全部の30日以内の停止
5：作業報奨金計算額の3分の1以内の削減
6：30日以内（20歳以上で特に情状が重い場合には60日以内）の閉居

6の「閉居」というのは、自身が行なった反則行為を反省させる罰です。朝から夕方までの食事と休憩時間を除き、廊下側を向いて顔を上げ、正座または安座で過ごします。その間、運動・入浴は週1回で、新聞もラジオもありません。本やノート、筆記用具も持てず、差し入れや購入した新聞、来信も持てないので後日交付となります。懲罰期間が終わると解罰となり、再び工場へ出業することになりますが、次にどの工場に配役されるかは、その時に言い渡しを受けることになります。

懲罰を受けることになると、「過去の無事故の継続が途切れる」「クラブ活動を退会になる」「作業等工（198ページ参照）が下がる」など、様々なところに影響があります。仮釈放の審査のための申告票にも懲罰の記入欄があり、懲罰の回数が多いと審査は厳しくなるようです。

信賞必罰の累進処遇で言うと、階級が下がれば手紙の発信や面会の回数が減ります。他にも「甘いお菓子がもらえない」「工場の転業希望を出せない」「図書や写真の所持の数の制限が増える」「購買品の選べるものの種類が減る」などのペナルティが付きます。

そんな中、2022年「懲役刑」と「禁錮刑」を一元化して、「拘禁刑」を新設する改正刑法が成立しました。2025年までに施行される見通しと言います。刑の種類が変更されるのは115年ぶりです。

現行の「懲役刑」は受刑者には工場での刑務作業を科すのに対し、「禁錮刑」は作業が義務ではないという違いがありました。ただ2021年、懲役刑が1万6098人だったのに対し、禁錮刑は47人にすぎないのが事実で、しかも、その大半は自ら望んで刑務作業をしていると言い、禁錮刑は有名無実化していると言えました。今回、創設される「拘禁刑」では、刑務作業が義務でなくなり、更生に必要な指導を柔軟に組み合わせた処遇が可能になるとのことです。これですべての受刑者に対して「作業」と「指導」を組み合わせた処遇を提供することになります。そしてこれは今と比べると作業をしなくてもいいという人が出るということです。それにより個々の受刑者の特性に応じた個別処遇を推進できることになります。

現在も「薬物」「性犯罪」などそれぞれの処遇のプログラムはあり、処遇が不十分とは言えないと思いますが、「拘禁刑」の導入後はより受刑者ごとの特性を見極め、いかに作業と指導のバランスを図るかがポイントと言えます。

入口支援・出口支援

「入口支援」とは、矯正施設に入所する前の段階での支援のことを言います。

「出口支援」とは施設を出た人を一般社会で更生するための環境を整えることを言います。

「入口支援」に関しては、高齢又は障がいのある被疑者等の福祉的支援を必要とする者に対して、検察庁、保護観察所、弁護士等が関係機関・団体等と連携し、福祉サービス等に橋渡しする取り組みのことをいいます。健常者と同じように、特性に合わせて刑事施設を決めて送り込むのではなく、福祉的側面をしっかり調査し、刑事施設に送るものです。

一方、「出口支援」は施設から出所した後の社会復帰に向けて行うもので、特に障がいを抱えているが支援する人がいない人や、高齢で住む場所も仕事もない人が社会に戻っても、自分１人で更生することは困難な人たちを支えるというものです。

刑事事件を起こし、刑務所に入っても、幾度も犯罪を繰り返してしまう人たちが一定数います。最新データでの再犯者率は48・６％です。そういう意味でも「釈放後」のケアがとても重要であり、再犯が起きないよう、出所者を支えて行こうというものです。

「出口支援」の代表的なものには２００９年度、各都道府県に設置された「地域生活定着支援センター」があります。刑務所を出ても行き場のない出所者が一時的に滞在できる施設のことで、出所者の支援を専門とする「更生保護法人」が運営している機関です。このセンターを利用しての行き先として多いのは「更生保護施設」や「自立準備ホーム」などがあります。

同センターは全国に103カ所ありますが、それだけでも足りないので、法務省の施策として開始されたのは「自立準備ホーム」です。法務省が更生保護施設の受け入れ機能を強化するとともに、2011年度から「緊急的住居確保・自立支援対策」による住居確保の施策として開始された民間施設です。ここはあらかじめ保護観察所に登録されたNPO法人等が管理する施設の空きベッド等を活用して、保護が必要なケースについて、保護観察所から事業者に対して宿泊場所、食事の提供と共に、毎日の生活指導等を委託します。

出口支援では2~3カ月を目安に、「更生保護施設」や「自立準備ホーム」で暮らし、仕事を見つけてお金を貯めて、アパートに移ることを目指してもらいます。住まいや食事、お風呂を提供してもらえて、仕事探しのアドバイスもしてくれるところです。

これも全て、再犯防止、悲しむ人を生み出さないことを目標に日々活動されています。

第3章　所内で過ごす1日24時間

刑務所って、何色？

刑務所と聞いて思い浮かべるワードの上位に「鉄格子」が入るそうです。それは「鉄格子」に非日常の権化のような印象を持っているからではないでしょうか。鉄格子の中に入ったことがある人も少ないでしょうし、見たことさえない人も多いはずです。しかしそれだけの印象が付いているのは、映画、テレビドラマの影響が大きいのでしょう。やはり、檻の中というのは「自由を奪う」ことの象徴のように思えます。

今では一部、犯罪性の進んでいない収容者や仮釈放予定者に対する釈放前処遇においては、鉄格子や塀を設けない開放的施設がありますが、基本的に鉄格子はどこの刑務所にもあります。ただ、映画『羊たちの沈黙』のレクター博士や『グリーンマイル』の囚人コーフィが住まわされていたような「鉄格子が全面貼り」の部屋はありません。鉄格子が使われているところは、ほとんどが扉と窓の内側です。工場や作業場、倉庫、居房など、どこも何重もの頑丈な扉がしっかり付けられてあるので、囚人が鉄格子をつかみながら無実を叫んでいるというような所なんてほとんど存在しません。

この鉄格子ですが、昭和時代までの建物では縦長（棒が縦に並ぶ）でしたが、今は多くが横長（棒が横に並ぶ）になりました。その理由は、中に入っている者への心理的プレッシャーが、縦より横のほうがやわらぐという説があります。また、扉が上下スライド式から左右に動かせるようになったことから、格子も縦長から横長に変わったという事情もあるようです。

鉄格子の色は、いまは白、クリーム色などのソフトなイメージとなっています（黒色の鉄格子は昭和初期以前の建築物に残っているようです）。こちらも心理的な面からの配慮のようです。そうはいっても、ただ狭い部屋にいることだけでも相当なプレッシャーがあるとは思いますが。

それぞれの色が人に与える「印象」にはそれこそ色々なものがあり、そうしたことに配慮することも更生施設にとっては重要なことだと気づきます。

建物や部屋の鉄格子の色に意味があるのかどうかはわかりませんでしたが、昭和以降の建物は黒色を使っていません。黒色は「幻覚」「重厚」、そして「闇」「悪」のイメージともつながります。悪事を働いたので、プレッシャーを掛け、自由を奪うのが明治時代からの「監獄法」の特徴だったことから推測すると、更生施設としての役割の変化が色に現れたのかもしれません。

そこで収容者の衣類（囚人服）の色についてです。

もちろん、男女ともに刑務所から与えられる官衣の着用は強制です。男子の作業着（工場衣）の色は薄黄緑色です。仕事着として上衣、ズボン、帽子が与えられます。私の授業はほぼ工場で行われますので、毎回、全員が工場着です。ただ夏場も工場にはクーラーもないので、さすがに皆さん、ランニングシャツ一丁です。また冬場、屋外作業者には防寒着が貸与されます。

最近は熱中症で危篤に陥る人たちも出たので、食堂などからクーラーの設置を予定したのですが、ミサイルなどにその予算が行ってしまったとか聞きました。

私が通っているこの10年間ほどは作業着の色の変更はありません。若干色が薄くなっていっているように見えましたが、それは長い年月による劣化のせいでしょう。

ただし下着類は自弁（自分で費用を負担して払うこと）も認められます。とはいえ、メーカー、形や柄、色は選べません。刑務所指定の商品からしか選べません。ということで、お金がないか節約しているのかわかりませんが、自前で購入せず、与えられる下着で良い人はヨレヨレの使い回しのパンツを貸してもらい、それを履いて暮らしています。

また舎房衣《しゃぼうい》（部屋着）は、冬は上衣とズボンなどからなり、色はグレーの霜降りです。寒いエリアではチョッキの貸与があります。夏は半ズボン、上衣は半袖となります。パジャマはグレーの長袖と長ズボンです。

一方、女子刑務所の夏場の工場着は半袖、襟付きのブラウスにズボンと帽子姿でした。帽子の色は工場ごとに色分けしているようです。色は薄いピンクがかったベーシュのようでした。こちらも何百、何千回も洗濯されているようなので、オリジナルの色を見たことはありません。冬場は長袖ブラウス、長袖上衣です。舎房衣については冬は紺色のジャージの上下で、グレーのフリースや黒のカーディガンが貸与されることもあります。パジャマはグレー。夏にはそれが水色のTシャツと紺の半ズボン等になります。そしてパジャマは水色です。

男子は授業で会いますし、たまには廊下ですれ違うこともあるので服装は見て知っていますが、女子は工場以外で会ったことがないもので、刑務官にこそっと聞きました。なお居室着や工場着にはストックもあるので、上手に洗濯に出しながら清潔感を保っているそうです。ただ勝手に洗濯はできないというルールはあります。

色の話題という意味では、最近、巷で問題になっているのは「女色・男色」問題があります。色の持つ「印象」をマーケティングに使ったり、占いに使っているうちはよいのですが、今では「ジェンダー平等」に抵触してきます。刑務所の中では当面、鉄格子の色や囚人服の色をどうするなどとは言ってはいられないでしょうが、娑婆では話題ですよね。

典型的な例で言いますと、ランドセルが色とりどりになって来ました。昭和は男子のは黒色、女子のは赤色でしたが、今は色の選択肢が増えました。背景にあるのは「女色・男色」問題です。「女の子の持ち物は赤やピンク。男の子は黒か青です」という既成概念からの脱却が始まったということです。小学校入学を前に「ジェンダー平等」「LGBTQ」が語られるようになってきました。色が押し付けられるものではなく、自由に選ぶことが欲される時代になってきたとも言えます。

私事ですが、年末年始2週間強、病院に入院しておりました。貸してもらった部屋着は男性がブルー、女性がピンクと区別されていました。これが真逆だったらおかしいのでしょうか？　まぁ私の病棟の人たち、似たような年齢で頭は短髪、ゴマ塩だったりするので、おっちゃんかおばちゃんか見分けが付きにくいので、色分けすることはいいのかとは思いましたが。

本棚には何の本がある？　人気図書は？

「コミュニケーション講義」も進み、授業内でのインタビューにもこなれてきた頃、受刑者には各居室での愛読書の話も聞いたりします。図書館の本は官本と呼ばれ、もちろん収容者は無料で借りることができます。授業中に聞きますと人気の作家は池波正太郎、山岡荘八、吉川英治、藤沢周平、司馬遼太郎などの名前が挙がります。偉人伝などには田中角栄、徳川家康、織田信長、豊臣秀吉、松下幸之助などの名前を聞きました。文学や小説以外にはコミック、美術・芸術、将棋や囲碁など趣味の物もあります。また部屋で書評を聞き、興味が出たものを借りることも多いそうです。

もちろん、自前で本の購入も可能です。ただ日頃の評価によって月に購入可能な冊数が決まったりします。また部屋の本棚に置いておける数にも限りがありますので、読み終わったら廃棄処分にするか、自宅や親戚に送るかするしかありません。

施設にもよりますが、購入可能なものとしてアダルト本があります。意外に思うかもしれませんが、コンビニの本棚の成人コーナーに売っている類のものは、ほとんど購入可能です。私にとってもこれは意外でした。もっと規制されていると思っていましたので。

一般誌や趣味などの専門誌にかかわらず、雑誌類の多くは購入可能です。また暴力団関係者お好みの雑誌類も「この情報を知らせたくない」というところが黒塗りにされますが、手元に届けられます。この「知られたくない情報」とは、組関係の抗争や、ホットな組関連の人事情報や、事件簿などです。あとヘアヌードや際どい絡みも刑務官の手によって黒塗りにされます。

購読不可のもので言うと、脱獄や殺人、実際の犯罪などに関するもの、オレオレ詐欺、ピッキング、強盗、自殺などの実際の行動の参考になりそうなものはNGです。これらの判断は所長によるものとなっています。

では、所内のベストセラーは何だと思いますか？

「意外！」と言うか、「なるほど！」と言うか、所有ナンバーワンは、なんと「日本地図」でした。聞いてみたところ何人もが部屋に持っていると言いましたので、その理由を聞いてみると「特にないです」とは答えるものの、よくよく聞くと「読み飽きない」という感想と「読み終わらない」というのがありました。私もその気持ちがわかりました。私も手元においておきたい本でいうと3番までに入るかもしれません。

それに次いで同様に持っている人が多かったものに「国語辞典」がありました。聞きますと日本地図同様、「読み飽きない」「読み終わらない」が理由とのことでした。ここも私も同じ思いです。また手紙や日記を書くことも増えたので必要なのでしょう。

ちなみにある刑務所の図書館で見つけたものに「怪盗ルパン全集」がありました。さすがに泥棒界のスーパースターのものは駄目ではないのかと思い、そこにいた刑務官に聞いたところ、答えはひとこと。「誰も真似できません」ということで、図書館の蔵書の許可が出ているそうです。

雑誌好きの私、色々と人気のある物を調べてきました。

男子で購入や差し入れの多い雑誌ですと『週刊実話』『週刊大衆』『週刊アサヒ芸能』『FRIDAY』『週刊文春』『週刊新潮』『FLASH』『週刊少年ジャンプ』『週刊少年マガジン』『週刊ポスト』『週刊SPA!』『るるぶ』『じゃらん』『裏モノJAPAN』など。

漫画ですと『ONE PIECE』『キングダム』『SPY×FAMILY』『僕のヒーローアカデミア』『進撃の巨人』『東京卍リベンジャーズ』『HUNTER×HUNTER』『ゴールデンカムイ』『NARUTO－ナルト－』『ドンケツ』『なにわ友あれ』などのようです。

先日『週刊朝日』の休刊が発表されましたが、施設の中ではまだ紙版しか許可されていないので、今後、選択肢が減っていくことの不安があります。女子のほうの細かいデータは取れませんでしたが、「料理」「旅行」「BL漫画」などが人気のようです。

単行本や雑誌は以上のように結構自由に接することができますが、案外と厳しいのが、本や雑誌の「回し読み」がご法度ということです。新聞も自前で購入できますが、同様に回し読み不可なんです。それは「物の貸し借りが禁止」というルールに伴って決められていることだからです。施設によっては、時事に触れる目的で一般紙が平日の休憩時間や作業のない日に回覧で読むことができる所もありますが、もっとゆっくり読みたいとか、好きなスポーツ紙を読みたいという人は自分で購入すれば読めます。

ちなみに「貸し借り禁止」についてですが、これは「受刑者遵守事項」の中に「金品不正授受」という項目があり、きっちりとルール決めされています。「貸し借り」は、上下関係や力関係、イジメの原因にもなりかねないので、厳しく禁止されています。お金を持っている人といない人の差などでトラブルが起こらないようにするためです。

それで言うと、食事に関してですが、「食べ物は残してもいいけど、他人にあげてはならない。交換も許さない」というルールもここから来ています。私にすれば、「税金で賄《まかな》われている食事を残すな！」と言いたいところですが、体調にもよりますし、好き嫌いもあるといえばあるでしょうから仕方がないとも言えます。しかも、人にあげるという行為や交換とかがまかり通ると、「ご飯ひと粒とおかず1品交換」というようなイジメがあり得てしまうので、許されないのです。これらも懲罰などの処分の対象になりえます。

受刑者の1日

収容者の1週間の生活は月曜日から金曜日までの5日が矯正処遇に当てられています。そして土日曜日、祝日や年末年始の休日などは矯正処遇がない日になります。懲役が「作業」をする日と言うなら、彼らは完全週休2日制と言えます。

次に示すのは、平日の1日のザッとした様子です（施設によって若干の違いはあります）。

【月曜日から金曜日】

6：45　起床　布団やパジャマをたたむ、部屋の掃除（掃き掃除・雑巾がけ・トイレ掃除）、洗面、洗濯物の回収がある日はその用意

7：00　開房点検　人員点検

7：05　朝食　朝食後、作業場へ移動して更衣、身体検査（パンツ一丁になり、両手の裏表・足の裏・脇の下・口の中などを見せ、何も持っていないことを確認）

8：00　作業開始

9：45　休憩（約10分間）

12：00　昼食休憩　休憩時間の過ごし方としては、まず申し出（特別購入・特別発信・個人教

誨・報奨金の特別使用など）があれば願箋《がんせん》（後述）を書く。この間に爪を切ったり、お茶を飲んで談話したり、囲碁・将棋をしたり、新聞を読んだりできる所もあります

12：30　作業再開

16：25　作業終了　更衣、身体検査（運動や入浴によって変わります）

16：40　居室へ移動。入浴があればその時間帯に応じた作業時間

16：50　閉房点検

17：00　夕食

17：30　余暇時間（クラブ活動、読書、手紙、日記、通信教育の自習など。昼食休憩やこの時間に周りに迷惑をかけないように筋トレに懸命になる者もいます。食事は毎日規則正しく、しかもカロリー計算されて管理も整っていますので、高額会費のダイエット施設に負けない効果が出ています）

19：00　テレビ・ラジオの時間（テレビ視聴では部屋ごとにチャンネルを選べる時代もありましたが、番組の取り合いが揉め事になったので、一斉放送に変えたところが多いようです）

21：00　消灯・就寝

朝ごはんのメニューは、麦飯（白米：麦＝7：3）と味噌汁（具は毎日変わります。玉ねぎ、大根、ほうれん草、しめじ、豆腐……）をベースに、ふりかけ（味は毎日変わります。たらこ、

わかめ、しそ……）、簡単なおかずとして納豆、だし巻き卵、なめたけ、味付けのり……などが付きます。

昼・夜ごはんのおかずは、筑前煮、焼き魚、フライ、豚トマト煮込み、天ぷら、コロッケ、肉じゃが、カレー、シチュー、キムチ鍋、ラーメン、舞茸ハンバーグ……などが並びます。主食がパンになる日もあります。

食事の際は、毒見役ならぬ、刑務官が「検食」をします。味付けや全体の量、ごはんのかたさ、バランスや彩りを確認するそうです。冬場は体を温めるカプサイシンなどが多く含まれる唐辛子などを意識的に増やすこともあるそうで、こうなるとよく考えられている病院食とほぼ変わりません。

食材には、アレルギーや宗教上の理由なども考慮してくれます。また歯の悪い人や呑み込む力の弱い高齢者向けには、刻んだり、呑み込みやすい形にしたおかずが用意されています。昼間の工場での作業をするためにも「食による健康確保」は最重要事項とも言われています。

食べ物に関して特別なことといえば、「お菓子の時間」があります。朝昼夜の食事以外の時間に、収容者の中からまじめに過ごしている人などが選ばれ、甘いものなどを食べられる日があるのです。そこではチョコレートやクッキー、ビスケットがあったりするそうです。もちろん私語厳禁、お菓子の交換禁止ですが、この日を楽しみにして、普段からまじめに過ごすようにしている受刑者も多いと聞きます。「糖分」はすごい魅力なんですね。

確かに、私の午後の授業のときに受刑者がウキウキ顔をしている時がありました。最初は「どうしたんだろう？」と思っておりましたが、その答えは「糖分」を摂ったあとだったのです。

気になるのは正月メニューですが、実際に簡単な「おせち料理」が出るのです。シンプルではありますが、折り詰めに入って出てくる所もあります。中には数の子、黒豆、伊達巻、かまぼこ、ごぼう、栗きんとん、なますなどが並びます。施設によっては、とんかつや海老塩焼きなどが出るところもあるようです。「そんな贅沢を！」という声も聞こえてきそうですが、それらの料理も含めて、年間の食事の予算は決まっており、それをやりくりしての結果ですので、特別に計上された予算ではありません。昔は刑務官と受刑者が一緒に餅つき大会をしたこともあったようです。

そうそう、大晦日《おおみそか》にカップ麺の年越しそばの配給もあるそうです。これら季節に合わせた「食事の提供」は、受刑者の早期社会復帰の気持ちを促すきっかけになるとよい、という思いもあってのものです。もちろん年が明けると、年賀状も届けられます。これを楽しみにしている人は多いようです。娑婆では年始の挨拶をＳＮＳなどで済ませる人も増えてきましたが、刑務所ではまだまだ楽しみにしている人は多いようです。

ちなみに、これは年間の予定の話になりますが、刑務所にも大型連休と呼べるものがあります。「正月休み」「ゴールデンウイーク」「盆休み」などです。これらの間には「祝祭日菜」が配られます。これは刑務所（業界）用語のようで、「シュクサイジツサイ」と読むのですが、祝日や祭日にサービスで支給される菓子類のことを指します。祝日菜、祭日菜と言われることもあります。

ここで何が出されるかは施設によって違いますが、ほとんどがスナック菓子やビスケット、クッキーなどのようです。やはり甘いものですね。

それとよく友人に聞かれるのが、刑務所内の人気のテレビ番組についてです。私から受刑者に聞くと、お好みは「旅番組」「グルメ番組」「歌番組」「バラエティー」だそうです。その訳は、娑婆に戻ったら「そこへ旅してみたい」とか、「そこに食べに行きたい」などといった気分になれることなど、出所後の夢を見させてくれるからと言います。

それ以外に、「水戸黄門」と「大相撲」「プロ野球」は絶対的な人気があります。勧善懲悪物語の「水戸黄門が好きです」という話を聞くたびに、「塀の中に入る前にその精神があれば良かったのに」と伝えています。大相撲も人気で、かつては刑務官に隠れて「賭け事」に使う者がいたようでしたが、バレれば番組を見せてもらえなくなるので、そうしたことは減ったようです。

この賭け事ですが、見つかると「懲罰」の対象になりますが、暇といえば毎日暇なんで、相撲に限らず囲碁や将棋、オセロなど何でも博打のネタになるようです。と言っても賭ける物は身の回りにあるちり紙、歯ブラシ、切手など。もちろん、「賭け事」は反則行為なので、そんなに無理をしてやったりはしなくなってきたようです。

最後に入浴について。

ひげ剃りは、風呂場でする人が多いようです。自前の電気ひげ剃りを持っていれば自分の部屋で使用することも可能ですが、風呂場で剃るほうがスッキリするので、短い入浴時間の中でひげ剃りをする人が多いのです。あと、これは確認が取れていませんが、浴槽に浸かっている間、親指が見えるように水面から出しておかなければならないというルールがあるとか？　何か悪さする輩がいるのでしょうか？

入浴時の時間管理は厳しいのですが、みんなテキパキと入浴しているようです。最後までゆっくり入っていて、結果脱衣所でバタバタ着替えているとき、他人にぶつかったりしてそれが揉め事に発展する場合が多いとのこと。入浴は楽しみの時間ではありますが、揉め事は避けたいものです。私の授業の「自分にインタビュー」の中で、「今一番したい事は何ですか？」の質問に多くの受刑者が「大きな風呂にゆっくり入りたい」と答える所以《ゆえん》です。

ところで、「臭い飯」というワードからは刑務所を連想しますが、この言葉はどこから来たのでしょうか？　元々、入所間もない者が室内の便所のすぐそばで食事を取らされたため、「臭い飯」だったとか言いますが、今はそもそも水洗です。戦後、間もない頃、古い米しか手に入らなかったので、それを「臭い飯」と言ったという説などもあります。いずれにせよ今はそういう臭いは減ったようです。出所者による「刑務所あるある」に惑わされないようにしなくてはなりません。

昔は「独居房」。今は「単独室」

「単独室」に入る人はというと、他者に危害を与える恐れのある者、暴れる者、薬物依存者、同性愛者、性転換した者、政治家・タレントなどの有名人などのようです。

加えてまわりの人と上手くやっていけない協調性のない人も「共同室」を出て単独室に入ります。ちなみに「監獄法」の改正前までは、「単独室」は「独居房」、「共同室」は「雑居房」と呼ばれていました。ちょっとした改称ですが、言葉から受け取る印象が違ってくるものです。

暴れる者が一緒にいると、トラブル発生の元になりますし、暴力や言いがかりをつけられて迷惑がる人もいるでしょう。トラブルを起こさない、トラブルに巻き込まれる人が出ないようにしなければなりません。逆にタレントや政治家などの有名人だとこちらから興味も湧いて接触したくなる人もいますので、そういう意味でも単独室に入ってもらう人を選別したりします。こうした対応は概して、リスクを事前察知し、無難な単独室への移動を決定したということができます。

もちろん「集団生活」の重要性を身をもって知り、共に行動するということを学習するというのは、矯正施設の大きな目標でもあります。しかし決して「矯正施設」は「強制主義」ではありません。ここは無理をせず、必要な者には距離を取らせて他の場所での人間関係を形成してもらうのです。

良いように変化してもらうことを望み、環境を変えることもあります。色んな境遇に辛抱もして対応して生きていくのが共同生活のルールであり、最重要の教えではあるのですが、あまり無理をさせず、部屋は変えたりすることがあるのです。たとえば、関係が上手くいかないことが起こったら所属する工場を変え、部屋も変えることで環境を変えたりします。そうすることで前の工場や部屋の者に顔を合わせることもなくなります。

会うことがあるとすれば年に数度、全体学習で講堂に集まった時や、外部のゲストがやってくる慰問、そして運動会ぐらいです。ただどれも自由に歩き回ったりもできないので、トラブルには及びません。

こうした対応に対して、「刑務所はやさしく接する所か？　もっと厳しくてもいい！」と言われる方もおられるかもしれませんが、今の刑務所は被収容者に厳しく辛いことを体で覚えさせるものではなく、生きて行く力を身に付けてもらう矯正教育のスタイルをとっているのです。集団生活ができるようになれば「共同室」に戻ればいいのです。

実際はいろいろな調査をして「トラブル」を事前に察知して行動が取られることも多いですが、やはりトラブルが発生してからの移動もあります。トラブルが発生すると、起こした者もそれに巻き込まれた者も「懲罰」が科せられ、その時は「昼夜間単独室」（旧名、厳正独居室）に入れられ、反省を促される時もあります。その部屋にいる間は他の被収容者との接触などはできず孤独な生活を強いられることになります。食事や睡眠の制限などはありません。中には簡単な作業をさせる所もありますが、全く何もさせない所もあります。また読書や新聞、テレビ視聴といった娯楽類は一切なくなります。この「孤独」が一番、心身ともに堪《こた》えるということを聞いたことがあります。普段の刑務所生活でさえ苦しいことは間違いないでしょうが、その中でも実は「孤独」が一番辛いようです。

その部屋に入っている間に科せられる学習は「辛抱」です。自分との対話しかすることはありません。聞くところによると、「辛抱」は元々「心法」と書かれていた儒学における用語で、「心を修める、練り鍛える方法」を意味したそうです。

私の授業で今までに会った受刑者にも、「口が出ずに手が出た」「相手のことなんか何も考えてなかった」などと過去の行動を口にして反省している人もいます。そうしたことは、コミュニケーション不足や、人間関係がゼロだったからこそ起こったこととも言えます。

「自分中心」に生きており「辛抱」が足りなかった人ばかりです。刑務所にいるのも、人間関係に正面からぶつからず、ズルをして、自分の都合だけで逃げたりしていた結果かもしれません。正に耐え忍ぶ力の不足からです。

現在の塀の中は、そうした「人間関係を良好に保つ」ための教育に力を入れています。そういう意味では規則正しく寝起きし、決められた作業を行う刑務所ライフの中には、「懲罰」よりももっと苦しい「辛抱」というメニューが用意されているのです。「孤独を味わいなさい」とは言いませんが、「辛抱する力」は誰もが学ぶべき重要なものだと思います。

言い換えると、欲求・欲望を前にしてどういう行動を取るのか、そこを知る力です。人間の常識、良心を持つことを知るのです。恋心を感じた相手にラブレターを書いてみるのはいいでしょうが、ストーカー行為はだめです。欲しい車があったら一生懸命働いて貯金しましょう。泥棒はだめです。ここで辛抱できずに罪を犯した人は塀の中です。

ちなみにこの十数年で、男子刑務所は受刑者数が減ってきているので、結果的に共同室の中に１人で生活している者もいるようです。１人でいられることに加え、部屋が広いのは気分的にもいいようです。ただ、広いからといっても自分が使うスペースは、敷いた布団と小さなテーブルを置くスペースぐらいです。部屋を走り回るわけでもなく、ゴロゴロとでんぐり返しができるわけでもなく、みんな広い部屋で大人しくしています。

刑務所のお金の話

　ここで少しお金の話をしましょう。

　作業をした受刑者は、その時間に応じて「作業報奨金」なる金額が計算されます。計算されるというのは、領置金とは異なり、原則として釈放時に更生資金の一部として支給するためです。収容されている間は、あくまで計算額として存在するだけなのです。

　一方、領置金とは、受刑者が刑事施設に収監される際にその施設に預ける（保管される）手持ちの金品のことです。刑事施設では受刑者などが金品を所持することが禁止されているために施設が預かって保管しておくことになります。もちろん領置金は出所時に返還されます。

　受刑者は刑務所内で日用品や雑誌などを購入できますが、それらの購入費用は国庫に保管されている領置金や報奨金から支払われることになります。報奨金は基本的には出所後に交付されるのですが、領置金のない人や、特別な理由がある場合には、使用限度額内での使用が認められているのです。

　ここで説明が必要になるのが、「等工」です。聞きなれない言葉だと思いますが、これはいわば作業のランクです。等工には1等工から10等工まであり、新たに就業する人や他の職種から転業した人は原則10等工となります。基本、月に1度の等工の見直しがあります。飛び級はありません。また懲罰などで、所属の工場が変わった時は10等工からスタートとなります。

もちろん仕事にも慣れ、上達し、高度な物も任せられるようになって行くと「等工」が上がります。

最新情報では、以下が1時間あたりの報奨金の基準額です。

1等工　55円50銭
2等工　43円80銭
3等工　35円40銭
4等工　29円20銭
5等工　23円50銭
6等工　20円90銭
7等工　16円30銭
8等工　12円90銭
9等工　9円90銭
10等工　7円70銭

報奨金なので、給料やギャラという言い方はしませんが、意味から言えば「時間給」ということです。作業に関しては1日8時間労働が基本。研修や特別講義で工場での作業から抜けたりすれば当然減ります。ちょっと計算してみましょう。

10等工の人ですと、1時間あたりは7円70銭ですから、その時給に8を掛けてください。日当が61・6円になりました。年間の土日祝日を除くと240日ほどになるでしょう。それが労働した日数と言うならそれを掛けますと、15000円弱になりました。これが年間分です。

作業の等工は月に1度見直すと書きましたが、現実は上になればなるほど次の等工に上がるまで時間が掛かります。ただ、作業の態度や成績、内容によって加算もされます。

10等工から1等工になるには、少なくとも3年以上は掛かるとも言われています。そういう意味でも等工が上がることは並大抵のことではないようですし、そこには辛抱と努力が必要だと言えます。作業によっては増額されることもありますが、失敗や反則に対してマイナス評価をするという厳しい考え方もあるので、時間が経てば上がるというような単純なものではありません。

所内で買い物、どこで何が買えるの？

受刑者が刑務所内の生活で使用する物品には、官から支給・貸与される「官物」と、自分のお金で購入をしたり、差し入れてもらったりしたものを使用する「私物（自弁物品）」があります。そのルールは法務省の省令で規定されています。

「官物」として、タオル、布団、毛布、枕、座布団、パジャマ、上着、ズボン、作業着などはすべて貸与されます。えんぴつや消しゴム、ボールペンなどはなくなったら支給されます。支給してもらえる条件もきっちりしています。

官物はだれでももらえるわけではありません。私物を持っていないことが条件です。「私物のタオルを持っていない」と嘘をついて官物のタオルをもらおうとすると虚偽の申告になり、調査・懲罰の対象になってしまいます。

衣類などの着用については「強制」です。海外では自由な服装の刑務所がありますが、日本は決められた「官物」で身を包みます。また、お金がない人でも施設内での生活に困らないようにという理由もあって、歯ブラシ・歯磨き・ちり紙・石けん・タオル・箸・運動靴なども貸与してもらえます。ただ、官物については使用期限が決められており、消耗品であるちり紙と石けん、歯磨きやタオルは多くの人が私物を使っています。先にも書きましたが私物の下着を持てない人は貸してもらうこともできますが、流石《さすが》にパンツは自分の物がほしい人が多いようです。

ちなみに支給される官物のちり紙は月300枚、石けんは月1回、歯ブラシは2カ月に1回、歯磨き粉は3カ月に1回、タオルは3カ月に1回といったところが決められています。


日用品などの自弁物品の購入のタイミングは施設によりますが月に1、2回あり、自弁品リストから選択して申請したものを手に入れることができます。その購入には領置金か作業報奨金のいずれかを使用します。とは言え「コンビニ」ではないので、何でも欲しい物を選んで買えるというわけではありません。靴や衣類は指定のものしか買えません。その上、購入可能な商品は人それぞれ違います。日常の生活態度や工場での作業など、全てが鑑みられているからです。

なお施設で取り扱っている物品は基本的に娑婆と比べると割高感があると言われています。まぁディスカウントショップでもないので、大量に仕入れたり、売れ残ったからといって格安で提供するようなことは一切できません。

「朝日新聞デジタル」（2019年4月3日）の記事によると、

大阪刑務所（堺市）で受刑者に販売される日用品の価格が高すぎるとして、大阪弁護士会が刑務所に改善を勧告した。販売が民間委託された後、ティッシュペーパーが市価の約4・5倍になるなど、受刑者が必要な日用品を買う権利を侵害していると指摘している。3月29日付。（中略）

勧告は、ティッシュ１袋（８００枚）が16年当時、市価の約４・５倍となる５９４円だったと指摘。また11年と16年の価格を比べると、男性用半袖シャツは３００円から７９４円に、男性用ブリーフは３０６円から７０２円に最低価格が上がり、周辺の市価よりも高額だったとした。

確かに、もらえる報奨金から見ると、最低限必要な物は格安に提供できたらいいのでしょうが、色々と都合もあると思います。刑務所という所での物や人の出入りは管理面から見ても簡単ではありません。

また、家族からの下着類、日用品、文房具などの差し入れはしても良いものの、刑務所の売店で購入したもの以外は本人の手には渡らないこともあるので注意が必要です。他店やスーパーで購入したものを差し入れしたとしても、領置はされますが、所内使用が認められないので、本人には釈放時まで渡らないことになります。本人に予算がない時は、家族や友人からの差し入れに救われますが、要領よく準備してもらわないと無駄になってしまうのです。

なお、受刑者が各種の申し出をする際、その内容を記載して職員に提出する書面のことを願箋と言います。各種の申し出とは、日用品や本・雑誌の購入、医療受診・薬などの願い出や宅下げ（差し入れの逆で接見に来た人に物品を預けること）などです。

施設内では簡単な申し出についても処理の確実性や記録を担保するため、受刑者からの申し出は、願箋で受け付けることを原則としています。ただいつでも提出できるわけではなく、日は決まっています。

紙の大きさも決まっており、文字数も限られるので、書き方は都度刑務官に教わったりするので、いつしかみな慣れてきて、文章も上手くなるといいます。

ちなみに、受刑者からのクレームや要望を申し立てる時にも使われ、刑務所長や法務大臣宛の「不服申立制度」が認められています。

差し入れと面会の方法は

受刑者への差し入れや面会について、もう少し詳しく紹介します。これらは「刑事収容施設及び被収容者等の処遇に関する法律」などで規定されています（差し入れ先が「留置場」「拘置所」「刑務所」のどれかによって違いがあります）。

まず、現金や書籍、日用品などは差し入れしていいもので、写真や子どもの描いた絵などもOKです。食べ物や秩序・道徳を乱すようなものは駄目です。物によっては前の項に書いたように、商品がどこ製の何かを指定していたりするものもあります。施設の売店には、差し入れ可能の品のカタログがありますので、そこから選ぶのが間違いありません。ただ現地に直接、行かなければなりません。

刑務所への差し入れに関してのルールとしては、以下のようなものがあります。

・接見禁止処分を受けていると差し入れは不可
・直接渡すことはできません。窓口に申込みです（身分証明書が必要となる場合がある）
・親族以外からの差し入れは一定の条件の場合、制限されることがある
・差し入れ日（及び受付日）　平日（土日祝祭日、12月29日～翌年1月3日以外）

・差し入れの受付時間　8：30～11：30　12：30～16：00
・差し入れ可能品目　現金、下着（Tシャツ、パンツ、靴下）、書籍、眼鏡・コンタクト、切手・封筒・便箋、ハンドタオル（バスタオルは不可）、数珠やロザリオ（1日の差し入れ数量が制限されることがあります）
・新聞は差し入れできません
・フード類は食中毒や毒殺の危険があるので不可
・ノートはA4サイズ。とじ具に金属を使用していないもの
・郵送での差し入れ可。現金の差し入れは現金書留で可
※わからないときは刑務所に電話で聞きましょう

そこで便利なのが、刑務所や拘置所などが認めた業者による、差し入れを代行してくれるサービスです。この専門業者は差し入れ可能な物品に詳しいですし、ネット受付もしてくれます。

ある業者のホームページによりますと、「刑務所差し入れ　下着着替えセット」では半袖シャツ1枚、パンツ2枚、靴下2足のセット、加工手数料・送料・税込みで3850円でした。注意書きには、「お届け先となる『刑務所・刑務支所・少年刑務所』と『受取人様のフルネーム』がわかっていれば、すぐにご注文いただけます。クレジット決済可能」とありました。

そして待望の面会です。先に書きましたが、「面会」については、「信書の発受」「差入れ」と同様に「刑事収容施設及び被収容者等の処遇に関する法律」の第110条でそれを許し、「受刑

者の改善更生及び円滑な社会復帰に資するものである」と書かれてあります。その意味では「面会」も更生において重要なことだということです。

面会を受ける側が「受刑者」なのか「未決拘禁者」「死刑確定者」などのどれかによって、相手方の範囲も決められています。

例えば「受刑者」への面会の方法としては、収容されている刑務所に行き、面会申込書を記入します。そこで許可がおりたら基本全ての私物をロッカーに入れた後、金属探知機検査を受けた後、面会室へ移動します。会える人は親族、会社の関係者、弁護士、教誨師、出所後の雇用予定企業・団体の人などになります。コロナ禍以降、条件が変わったり、面会室の仕切板の穴が全てテープで塞がれ、声が聞き取りにくくなったりしていて、以前とは様子が変わっています。なお身分証明書が必要な時もありますので準備が必要です。ちなみに面会時に差し入れも可能です。もちろん手渡せるわけではありません。

またルールとして、一度に面会できる人数は「3人を下回らない範囲で各施設が定める人数」とされ、時間も30分までを下回ってはならないとされていますが、やむを得ないときは、5分を下回らない範囲内で30分を下回る時間に制限することができるとなっています。

法律上は、面会については「月に2回以上」とはありますが、受刑者の矯正処遇の適切な実施によっては1日に1回ということもありえます。

ただ、受刑者の級数によって会える回数が違います。受刑者は生活や工場での態度などにより第1から第5類までに分けられています。そしてその類ごとに月の面会の回数が決められているのです。日頃の行いが悪いと月間に面会させてもらえる日が少ないというわけです。

この「類」に分ける区分ですが、ポイントに置き換えられた「加点基準」と「減点基準」の表から、プラス・マイナスポイントを出して、合算したものが受刑態度として評価されます。その基準は「手紙の発受」と同じく「外部交通」で規定されています。「懲罰を受けていない」というのが最も大きな加点要素であり、「懲罰を受けた」というのが最も大きな減点要素と言えます。そうして類が高くなれば、面会や手紙の発信回数を最大まで増やすことができるのです。

自分が今どの類にいるのかなどは刑務官から本人に対して直接伝えられます。


なお、最大回数が増えたからといって、翌月以降に繰り越すということはできません。1カ月の面会、手紙の回数については、1カ月のうちに消化しなければならないというのが決まりです。「刑事収容施設及び被収容者等の処遇に関する法律」の中では、優遇なしの第5類で面会が月に2回、手紙が4通。第4類は面会が2回、手紙5通。第3類は面会3回、手紙5通。第2類は面会5回、手紙7通。第1類になると、面会7回、手紙10通と増えていきます。これらの回数は下限なので、施設によってはこれより多いほうが一般的のようです。

こうした決まりを見ても、「目指せ、加点」という態度になっていくのは当然であるといえます。社会復帰をより真剣に考えるようにもなるでしょう。これはいわば、手紙と面会というものが持つ威力であり、逆に言うとどちらも受刑者が心から欲しているコミュニケーションであると言えます。

遵守事項等についても法律で明示

刑事施設の中だからこそ起こりえる違法行為があります。

刑務所にはいろいろ決まりごとがありますが、その中でも「特に注意して守りなさい」と言われているものがあるのです。そうした〝刑務所ならでは〟の物を並べてみました。

ちなみに、これらに違反すると「懲罰処分」を受けます。どんな処分があるかもまた刑事施設ならではのものです。また違反が刑罰法令に触れるときは、更に刑罰を科されることがあります。滞在が延長されるということです。では、私がまとめてみた「刑務所収容者遵守事項43連発」をお届けしましょう。皆さんの会社に採用したい項目もあるのではないでしょうか？

1. 逃走し、又は逃走を企ててはならない。
2. 許可なく指定された場所又は席を離れてはならない。
3. 許可なく立入禁止場所に立入り、又は職員の視線外へ出てはならない。故意に職員の視察を妨害してはならない。
4. 職員の呼出し又は連行を拒否し、又は妨害してはならない。
5. 自傷し、又は自傷することを企ててはならない。

6．自殺を企ててはならない。
7．職員の指示に従わず要求又は反抗の手段として拒食を続け、又は正当な理由なく診察を拒否してはならない。
8．許可なく又は許可された方法によらず他人（他人とは他の収容者、職員、外部の人など自己以外のすべてのものを言う。以下同じ）又は外部の機関と交通し、又は交通を企ててはならない。
9．許可なく火を発し、又は火を発することを企ててはならない。
10．施設の建物、建具、備品等を故意に壊し、又は壊すことを企ててはならない。また、これらを汚損し、又は備品等を投棄してはならない。
11．職員、収容者等の人心をかく乱することを目的として虚偽の風説を流布し、又は流布することを企ててはならない。
12．人の通行を妨害する目的で、通路、出入口等に障害物を置き、工作を施し、又はこの開閉を妨害してはならない。
13．施設の設備等の利用を困難にし、又は機能を妨害する目的で設備等を工作し、若しくは工作することを企て、又は故意に作動させてはならない。
14．許可なく物品を作成し、加工し、持込み、若しくは隠とくし、又はこれらを企ててはならない。
15．許可なく物品を拝受してはならない。他人の物品を盗んだり、取り上げたり、隠したり、又は壊したりしてはならない。
16. 使用を許可されている物品を本来の目的と異なる用途に用い、又は定められた用法に反して用いてはならない。所持又は使用を許されていない物品を所持し、使用し、又はこれの入手を企ててはならない。
17. 酒若しくはたばこ又はこれらと類似のものを作り、又は用いてはならない。
18. シンナー又はこれと類似のものを吸飲し、又は吸飲することを企ててはならない。
19. 他人に対し暴行を加え、又は加えることを企ててはならない。
20. 他人と喧嘩若しくは口論し、又はすることを企ててはならない。
21. 他人をひぼうし、中傷し、又は侮辱するような言動をしてはならない。他人に対し粗暴な言動をしてはならない。
22. 他人を脅迫し、威圧し、だまし、又は困惑させる言動をしてはならない。
23. 他人との間で性的行為をしてはならない。故意にわいせつな露出をしてはならない。
24. 就寝に当たっては、他の収容者のふとんにもぐり込んではならない。
25. わいせつな文章若しくは絵画を作成し、又は所持してはならない。
26. 入墨をし、又は髪、眉毛等を特異なかたちに変えてはならない。
27. とばく又はとばく類似の行為をし、又はすることを企ててはならない。
28. 作業を拒否し、怠け、又は妨害してはならない。
29. 安全管理上定められたこと又は作業場で指導されたことに違反して作業してはならない。

30．作業上の製品、材料、道具等を故意に汚損し、破壊し、投棄し、又は隠とくしてはならない。
31．動作時限又は日課に従うことを拒否し、怠け、又は妨害してはならない。
32．大声を発し、放歌し、騒音を発するなどして静穏を害してはならない。
33．交談を禁じられている場所又は時においては、正当な理由なく話をしてはならない。
34．残飯、ごみなどは所定の場所以外に投棄してはならない。
35．許可なく定められた方法以外で衣類を洗濯し、又は身体を洗ってはならない。
36．許可なく張り紙をしてはならない。
37．建物、備品等に落書きをしてはならない。
38．出願は定められた方法で行い、定められた方法以外の方法でこれを繰りかえし、又は定められた方法であっても強要にわたってはならない。
39．職員の職務上の指示、命令に対し抗弁、無視などの方法により職員の職務を妨害してはならない。
40．職員の職務上の調整、質問に対し、偽りの申告をしてはならない。
41．法令、所内規則及び所内生活の心得に基づく職員の指示、命令にそむいてはならない。
42．他の収容者に遵守事項に違反することをすすめたり、援助したり、そそのかしてはならない。
43．その他刑罰法令に触れる行為をしてはならない。

いかがですか？　書き並べるとこんなにたくさんありました。

逆にこれだけあるということは「危機管理」で言うところの「リスクの見える化」ができているということです。事件・事故が起こってから後に、「謝りなさい」とか「二度と犯さないように約束しなさい」なんていうのはよく聞きますし、私の本業である「謝罪マスター」としてはそのお手伝いが仕事だったりするのですが、実際のところは事件・事故が起こらないことを想定することが重要なんです。想定することで、事件・事故を未然に防げたり、被害が小さく済んだり対処することができます。

ここにある43カ条を逆に読み取ってみてください。全てが見事に「事件・事故」そのものであることがわかるでしょう。

「大の大人」にというのも変ですが、24の「就寝に当たっては、他の収容者のふとんにもぐり込んではならない」は笑ってしまいますが、良からぬこともあるのでしょうか？　35の「許可なく定められた方法以外で衣類を洗濯し、又は身体を洗ってはならない」とは厳しいですね。汗を拭いたタオルは勝手に洗濯できないのです。当然、身体も駄目です。大阪の難波の公衆トイレの中にも、「洗濯や洗体はお断り」とポスターが張ってありました。そういうものも違反になるという例です。

そしてやはり、刑務所で一番多いのは、ちょっとしたきっかけによるいざこざが発展して喧嘩や口論が起こり、調査・懲罰となることです。

刑事施設はここまでリスクの想定をした危機管理をして、その対処方法を準備していますが、その中でも最大クラスの避けたい事案があります。それは、「自殺」「火災」「逃走」の3つです。全国どの刑務所であっても、何があっても起こしてはならないものと言われているものです。

しかし最近、拘置所や警察署内での自殺や逃走のニュースを見ることがあります。私が察するに、未決中である分、まだ本人には迷いや不安だらけであり、現実からの逃避をしているのかもしれません。

裁判で判決も出て、懲役刑になれば迷う余地はありません。刑務所にも、社会の安全性を保つための「隔離」、受刑者の自由を奪う犯罪の「抑止」、そしてメインテーマの社会復帰を目指す「矯正」など、目標と役割があります。受刑者もそのほうが、もう諦めを付けられるというものでしょう。もちろん、懲役で刑務所に収容されたからと言って、みながみな覚悟を決められているとは限りませんが。

第4章　もう戻ってくるんやないで

手錠をかけられた人のうち何%が刑務所に行く？

犯罪に関する数字データは様々なものがあります。

2022年版『犯罪白書』によると再犯者の割合を示す「再犯者率」は48・6%だったということは先にも書きましたが、実人数で言うと、警察等が「検挙」した事件の被疑者（容疑者とほぼ同義）数は戦後最少となる約17万5000人、このうち初犯者は約9万人、再犯者は8万5000人でした。これを割り算するとザッと48・6%になったというわけです。パーセントで聞くより、人数のほうがピンときます。

その「再犯者数」は2006年をピークに減り続けているのですが、「再犯者率」は上昇傾向があります。初犯者の検挙人員の減少ペースと比べてみると、再犯者の減少ペースが緩やかだからです。この「数」と「率」を見誤らないようにしなければなりません。「数」は増えたり減ったりします。「率」はベースを100%として割り振るものです。

また、混同してはいけないのは「再犯者率」と「再犯率」です。「再犯者率」は刑法犯で検挙された者のうち再犯者が占める割合を意味するものですが、「再犯率」は前歴のある者のうち再び犯罪を行った者の割合のことを言います。

警察庁の統計等によると2021年1年間の警察が発生を認知した事件の「認知件数」は約56万8000件となり、警察等が検挙した事件の「検挙件数」は約26万5000件。刑法犯全体での検挙率は46％となっています。

そもそも「認知件数」とは警察等が事件を送致または微罪処分に必要な捜査を遂げた事件数をいい、解決事件の件数を含みます。たまにテレビドラマでもよく聞くようになった「検挙率」とは、「検挙件数÷認知件数」のことになります。

例えば「殺人事件」の検挙率は、日本は戦後一貫して安定して高水準であり、90％〜98・3％の間で推移しています（但し2021年においては101％。これは検挙件数には、前年以前に認知された事件に関わる検挙事件が含まれることがあるため）。これが米国では61％にとどまっているようです。

刑務所に目を向けますと、2021年の1年間で新たに全国の刑務所などに収容された受刑者は約1万6000人です。初入所者が約7000人。再入所者は約9000人です。軽く半数以上がリピーターです。ついつい、新規入所者数を初入所者と再入所者に分けた率を見て、「再入所者が初入所者を超えた！」というのに目が行きそうになりますが、大切な所は、この1年間の新規入所者数を警察等が捜査活動などで認知した数56万8000件で割ると、約2・8％になるというところ。認知件数のわずか3％弱しか刑務所に入っていないということです。

そういう計算ですと、残り97％強の刑法犯の認知された人たちが街を闊歩しているということにもなりますが、認知件数イコール被疑者数ではないので、注意が必要です。よく調べてもらった結果、微罪処分や訴訟条件を欠く場合や、被疑事件が罪とならない場合、犯罪の嫌疑がない場合や嫌疑不十分のときなどの不起訴処分（起訴猶予）、また罰金刑や執行猶予など「社会内処遇」を受けるなどで入所しない人が大多数なのです。そういう意味では日本の刑務所は、他国の刑務所に比べて入りにくいとも言われています。

おさらいしておきますと、犯罪として認知され、逮捕された後、事件を検察庁に送られ（送致をされ）、起訴されるまでの間、「勾留」されます。勾留は延長を入れて20日間までです。そして起訴、刑事裁判を経て判決です。また、刑事裁判の結果には次のようなものがあります。

まず「略式手続」になりますと、簡易裁判所の管轄に属する事件として処理され１００万円以下の罰金刑や科料となります。

続いてよく耳にする「執行猶予付判決」です。懲役刑（3年以下の懲役若しくは禁錮又は50万円以下の罰金のとき）に執行までの猶予が付く判決です。裁判の間の本人の反省などの印象に左右されます。執行猶予中に別の犯罪を起こさないまま期間を満了すれば刑は免除になります。ちなみに執行猶予中であっても、結婚、離婚、引っ越し、就職・転職などは自由です。国内旅行なら問題ありませんが、海外旅行の場合、渡航先で入国拒否される可能性があります。知り合いの話になりますが、旅行で米国にまで行ったものの、入国審査カウンターで拒否されて、そのまま帰国した人もいます。ちょっとした罪で書類送検されたことがあったそうです。

そして「実刑判決」とは懲役や禁錮で刑事施設に入る判決です。もちろん「無罪判決」という被告人を無罪にする判決もありますが、過去のデータを見ますと、無罪判決は約０・１％と非常に低い確率になっています。

ちなみに「手錠」についての小ネタですが、逮捕されれば誰もが手錠を掛けられるとは限りません。手錠が掛けられる理由の多くは「逃亡の恐れがある者」であることなのです。私の知り合いが警察に連行される時に手錠を掛けられていたので、後に警察に聞くと、「住所不定で、逃亡の恐れがある」という理由からだと言われました。友だちと同居していたので、住む家がなかったわけではないのですが、住民票がそこに正しく置かれていなかったのも理由になったようです。皆さんも覚えておいてください。

刑務所に入りたいから万引きする人？

年末のニュースで「刑務所に戻りたいから万引きをした」などという見出しのニュースを読んだことのある方もおられると思いますが、私に言わせれば少し、スキップしすぎな見出しです。たとえば高齢のベテラン出所者が「三食、寝床付きが懐かしい」を理由に罪をまた犯したなどと報道されたりしていますが、私の刑務所人生（講師として）から言えば、刑務所は誰もが戻りたいと思うような天国極楽ではありません。

簡単に言えば社会適応力が不足して万引きに至ったのであって、刑務所に入りたいから万引きする人ばかりではありません。結果としては万引きしたから刑務所に戻るかもしれませんが、そんな計画性のある人なら、娑婆で生きていく方法も考えていると思います。

こんな話を聞いたこともあります。真偽のほどは定かではありませんが、出所後、お金も使い果たし、生活もままならないので、もう一度刑務所に戻ろうということで、タクシーに乗車して、「カネないねん。刑務所まで行ってくれ！」とタクシー無賃乗車をしようとする輩がいたという話です。

この場合、ドライバーがこの人物を乗せていく先は刑務所ではなく、警察署が正解です。タクシーの無賃乗車は刑法第２４６条の「人を欺いて財物を交付させた者は、十年以下の懲役に処する」としており、また同条2項は「前項の方法により、財産上不法の利益を得、又は他人にこれを得させた者も、同項と同様とする」とありますので、「詐欺罪」が成立すると言えます（ただ乗車時にお金があると思っていて乗車したのに目的地に着いたらお金が足りなかった、というような場合は「詐欺罪」が成立しないかもしれません）。

これは10年以下の懲役にあたる犯罪ですから再犯の方はまた刑務所に戻れそうですが、初犯の方は執行猶予の可能性も残っていますので、刑務所に入れるかどうかはここではわかりません。実際の入所経験者の方なら、犯罪発生から塀の中までへの道のりぐらい知っているでしょうから、「刑務所に戻ろう」としたわけではないのではないでしょうか。

さて、「万引き」ということで思い出したのですが、前に勤めていた会社の本社は難波にあったのですが、近くのスーパーで驚くような万引きを見てしまいました。その万引き犯、パンやお菓子をカバンやポケットに隠すわけではなく、なんと健康ドリンクの蓋を開け、一気飲みして走り去って行ったのです。アッという間の出来事でした。店員さんが実際に捕まえたとしても、万引きしたボトルの液体はもう胃の中です。証拠が出ません。こういう事件が目の前で起こると驚いてその場に立ち尽くしてしまうものです。

ところでこちらは最近の話題です。少し前ですが私が米国に行った時、レジで順番待ちをしている家族の子どもが、支払いをする前にドリンクを飲んでいるのです。その後、レジの順番が来たらその空き缶をレジ前に出してお母さんが精算しているのです。店員も驚かず対応していました。レジに並んでいるから飲んでもいいというルールがあるのでしょうか？　店内のどこでも構わず、飲んだり食べたりされたらややこしいと思います。

ただ友人に聞きますと、韓国のスーパーでも同じことがあったとのことです。

「日本ではそれはアウトやろう」と気になったので、日本のコンビニのバイト歴のある友人に聞きますと、レジで会計を済ます前に食べたり飲んだりすることは法律違反だということでした。それは万引きと同じ「窃盗」で、物を壊したという評価が出たら「器物損壊」とも言えるそうです。支払いをもって商品の占有権、所有権が移動したと言えるからのようです。

そこで私が「食堂では先にオムライス食べて、帰り際に代金を支払うで！」と言うと、「しょうむないこと言うな」と一喝されました。


私も少なからず物書きとして何冊か出版もさせてもらっていて書店の店長とは仲良くしていますが、一度、万引き被害の話を聞いてみたことがあります。日本全国の書店の「万引きによる損害額」は年間約200億円分と推計されているそうです。

書店の流通の仕組みを言いますと、例えば出版社と書店をつなぐ取次業者からの卸価格を80％だとしましょう。消費税は置いておいたとして、1000円の本を仕入れて販売できたら800円の元手で200円の利益を生んだことになります。ところが万引きされると、書店は商品がなくなっているので、取次に800円の支払いが必要となります。1冊売れても200円の利益ですから、その損失額800円を埋めるには1000円の本なら4冊売る必要があり、それに販売管理費などを加えると、6冊や8冊売ってトントンです。本の販売というもの、書店で手にとっていただき、「さぁ、読もう！」と感じていただき、購入していただくものです。その1冊になれることを祈って私も書きますし、担当者が編集してくれています。そして印刷され、製本され、配送され書店の店頭に並ぶのです。そういう意味では店長と同じく悔しさしかありません。

書籍は粗利が低い商品とはいうものの売れる本だけを並べればいいというものでもありません。店長や書店の棚に現れる個性が顧客にとっては楽しみなんです。経費削減のおり、警備員を増やしたり、防犯カメラの設置もままなりません。

書店に限りませんが、万引きは窃盗です。窃盗罪は刑法第235条に規定されており、他人の財産を侵害する犯罪（窃盗、強盗、詐欺、恐喝、横領など）の1つとされています。「他人の財物を窃取した者は、窃盗の罪とし、十年以下の懲役又は五十万円以下の罰金に処する」とあります。心から厳正な処分を望みます。もしくは、そういう方には、刑務所で釈放前にお会いしましょう。

再入所者の「罪」とは？

少し前のデータですが、２０１９年に刑務所に入った人の罪名別の構成の資料があります。

入所したのは全体で１万７４６４人で、そのうち男性（１万５７４６人）においては、「窃盗」が33・４％、「覚醒剤取締法」が24・２％で、この２つで半分以上を占めます。ちなみに、「詐欺」が10・４％（無銭飲食も含まれます）、「道路交通法」５・１％、「傷害」４・３％、「強盗」２・３％となります。

入所者全体の３分の１にもなる「窃盗」は、大きく分けて３つの種類があります。

「侵入窃盗」は空き巣、事務所荒らしなどです。状況によっては「住居侵入罪」が成立することもあります。留守宅に侵入するのが「空き巣」と言われ、侵入窃盗の７割を占めています。また夜間、就寝時に侵入するのが「忍び込み」です。被害者は１戸建てが８割を占めます。侵入手段で最も多いのは無施錠です。私の知人はベランダ側のサッシを開けたまま出掛けていて、帰宅した途端、不審者が部屋からベランダ伝いに逃げて行ったと言います。部屋はマンションの４階でした。すぐに警察を呼んで調べたら、並びの部屋の者が犯人だったそうです。怪我とかがなくて本当に良かったと思ったものです。

そして大胆なのが、在宅時の隙を狙って侵入する「居空き《いあ》」もいます。狙う時間は昼寝や食事中だそうです。ここも狙われるのは1戸建てです。家人が2階や食堂に集まっている隙に侵入しますが、侵入された家の6割が無施錠だったようです。

「非侵入窃盗」は万引き、スリ、ひったくり、車上荒らしなどを言います。近年、高齢者による万引きが増えていますが、一方で高齢者はひったくりの被害者にも多いです。盗む側の人も盗まれる側の人も高齢者です。悲しいことです。

また「乗り物盗」は自転車、オートバイ、自動車などの窃盗です。自転車の窃盗は身近な犯罪の一つで、比較的簡単に実行できるために数多く発生していて、無施錠の自転車の被害が多いです。あと自動車盗については、盗んだ高級車を海外で売りさばく手口が報道されています。注文でも入るのでしょう、海外で人気の車種が国内で狙われているようです。それに関連してでしょうか、ナンバープレートの盗難事件も少なくありません。

「窃盗」の次に多いのが「覚醒剤取締法違反」でした。ここは覚せい剤を買おうが売ろうが、使用しようが所持しようが、どれもアウトです。この違反に関しては「罰金刑」はありません。必ず懲役刑が選択されます。また営利目的であるかないかの差も大きいです。

営利目的で所持・使用、譲渡、譲受等なら1年以上の懲役。非営利目的なら10年以下の懲役。営利目的で製造・輸出入なら無期懲役若しくは3年以上の懲役。非営利目的なら1年以上の懲役となります。

全ての違反に懲役刑（執行猶予含む）が付くというのが特徴ですが、再犯者が多いのも特徴です。2020年における覚醒剤取締法違反の同一罪名再犯者率はなんと70・1％です。一度ハマると離れられなくなるのが覚せい剤の怖さです。

あと若い人たちがよく勘違いしているようなのですが、大麻が海外では解禁され始めたので、日本での刑も軽いのだろうと、軽い気持ちで手を出す人が増えています。

「観葉植物みたいに簡単に栽培できるんで、安易に手を出しました」なんて言い訳をしていますが、大麻取締法第24条では、

大麻を、みだりに、栽培し、本邦若しくは外国に輸入し、又は本邦若しくは外国から輸出した者は、七年以下の懲役に処する。
2　営利の目的で前項の罪を犯した者は、十年以下の懲役に処し、又は情状により十年以下の懲役及び三百万円以下の罰金に処する。
3　前二項の未遂罪は、罰する。

と厳しいものになっています。

最近、大麻草を原料にした医薬品は米国など海外の複数の国で承認されるようになったと聞きますが、それは難治性疾患のてんかんの治療やがんの痛みを抑えるのが目的。あくまで医薬品としての使用の話です。

最近は高校生が大麻所持で逮捕されるケースが本当に増えてきました。要因は手に入れやすいというものがあります。ということはその背景には、簡単に栽培することができていて、高校生

でも手に入るルートがあり、購入できる価格になっているということでしょう。2019年の薬物事犯検挙人員1万3364人のうち、大麻による事犯は4321人であり、全体の32・3％を占めています。2020年に大麻で摘発された高校生の数は159人であり、これは4年前の約5倍となっています。それだけでなく、少年たちは大麻の延長とでも考えているのでしょうか、覚せい剤や合成麻薬、危険ドラッグに手を出す機会も増えてきているようです。

一方で、全体の1万7464人のうちの女性（1718人）の罪名の内訳は「窃盗」が47・4％。「覚醒剤取締法」が33・0％で、この2つで80％以上になります。次いで、「詐欺」6・8％（無銭飲食も含まれます）、「道路交通法」2・3％、「殺人」1・7％、「横領・背任」1・3％となっています（以上、2020年版『犯罪白書』より）。

その「窃盗」のなかでは万引きが一番多いのですが、なかには友だちのカバンの中の財布から1万円だけ抜き取るような悪癖によるものもあると聞いたことがあります。〝万引き〟と同じで、〝悪癖〟という言葉では済まされない犯罪です。

次に多いのが「覚醒剤取締法」ですが、その中には「運び屋」として捕まった外国人も多くいるようです。たとえば、頼まれたスーツケースを日本に運んだら、入国時、その中から覚せい剤が出てきて、早々に刑務所に入ったケースもあったそうです。本人は何も聞いていなかったと言います。もちろん弁護人も立てて裁判には臨みますが、実物が出てきたらそのような言い訳は通らないようです。実刑で女子刑務所行きです。女子刑務所に収容されている外国人には覚醒剤取締法違反が一番多いと聞いたこともあります。

日本人でも刑務所で10年間近く覚せい剤を止めていても、10年目に出所してすぐに1回だけのつもりで使用して、結局また舞い戻る人がいます。刑務所の中は中で、薬物の売人が客を探す場所にもなっていることがあるので注意が必要です。刑務所の中でお客を探しておき、出所後はその人物が出てくるのを待っている人がいるようです。刑務所で出会った、薬物依存症だった受刑者は、将来のお客さんでもあるということです。そういう意味でも刑務所では極力、個人情報の交換はしないように指導しています。

「詐欺」(6・8%)、「道路交通法」(2・3%)に続くのが、1・7%の「殺人」です。人数でいえば、ザッと30人になります。

これは男女ともに言えることですが、「殺人」における主たる被害者との関係では、親族関係にある場合が41・6%、知人・友人・職場関係者が31・9%を占め、これだけで合計75%近くになります。いわゆる通り魔のような面識なしの事件は15・7%です。

そしてその殺人の動機や原因は上位から「憤怒」「怨恨」「介護・看病疲れ」「子育ての悩み」「痴情」「生活困窮」「その他の利欲」「性的欲求」などと並びます。

殺人の中で女子によるものは、悲しいことに被害者が肉親であることが多く、それも我が子である場合が多数です。

最近、よく目にするニュースですと、シングルマザーが彼氏と同棲などを始め、挙げ句に子どもが彼氏に馴染まない時、何をしてしまうかと言うと、泣き止まない我が子に手をかけてしまう事件があります。事件後ほとんどの彼氏はその場を去り、母親が殺人の容疑で逮捕されます。元カレのほうはというと、「何の関係もありません」というのがほとんどです。

また、最近は報道が減りましたが、年間に30件以上の数が起こっている事件が「老老介護」の末の殺人事件です。夫婦間や親子間で「老老介護」に疲れた挙げ句の殺人です。その中では「心中」を図り、結果、死ねずに残された方が殺人犯として逮捕されるものも多くあります。特に２０２０年のコロナ感染症の流行以降、介護疲れによる殺人事件は女性による数が男性による数を上回りました。

過去の判決を見ますと、殺人事件ですから、懲役3年、執行猶予４年（求刑懲役３年）などを言い渡されたりしています。しかし実は、この執行猶予中に自死される人もあとを絶ちません。

執行猶予中にケアマネジャーやヘルパーなどでお世話をされていた方は危険なシグナルが点滅していることには気づかれていることが多いのですが、現実は何もしてあげられなかったそうです。執行猶予中に家族や親戚に相談できなかったのか、という問題より、それよりももっともっと前、「老老介護」をされ始めている時点で福祉や地域住民からの協力を仰げなかったのか……など振り返ろうとしても切りがありません。

刑務所でガンを治して出所する人？

受刑者は普段は塀の中という特別な場所におります。そういう意味では十二分に健康管理には力を入れられています。食事、労働、運動、睡眠などしっかりとした計画書があり、それに基づいて暮らしています。しかし受刑者も人の子です。体調不良もありますし、病気にもなります。実際に医療にかかる時は、費用は全額、税金で負担され、しっかりとした治療を受けることになります。別項で医療刑務所のことも書きましたが、各刑務所には最低限の医療対応の準備をしていますが、大きな病気になると一般の病院の手を借りることになります。治療中も相部屋だと周りに迷惑がかかりますので、結果、管理もしやすい個室などに入ることがあります。

矯正医療の悩みは受刑者の高齢化が進み、脳梗塞や心臓病などの疾患も増え、それらの高額医療費も国が負担することになってきていることです。

矯正施設（刑務所、拘置所、少年院など）などの収容人数は減っているのですが、一方で増加しているのが医療関係経費です。ここ数年は受刑者の高齢化が進み、年に60億円で推移していると言います。現場の医師不足もあって、刑務所などの施設では対応できず、外部の医療機関に通院・入院させるケースも増加の傾向にあることも影響しています（外部病院での治療費は、当然、全額国が支払うことになります)。

私も関西人です。「ぶっちゃけ、高額医療て、いくらぐらい払いますの？」と聞いてみますと、「症状によっては一病気当たり、軽く数百万円以上かかることもよくあります」と言われました。それも全額税金で負担です。「支払いとか、どういう段取りなんですか？」と続けて聞きますと、「請求書が刑務所に来ますんで、判子を押して回します」。

皆さん、もうお気付きでしょうが、その請求書は回り回って、私たちの税金から処理される流れになっております。

一般社会では、新たな治療法が次々に出てきて、それが医療費を増やしていると問題になっているといいますが、刑務所ではこうした高度な医療器具による治療や高額医療にはまだまだ追いついていないようです。聞くところによると、ガンの分子標的薬などが出てきても高額なため使えないようですし、本人が希望してもその通りの治療法は提示できないとのことです。実際、延命治療もほぼできていないようです。

受刑者の処遇について定めた法では、「社会一般の保健衛生及び医療の水準に照らし適切な保健衛生上及び医療上の措置を講ずる」としてはいます。「犯罪をした者の医療に、多額の税金を投入するとは？」という声も多々あると思いますが、国の執行で刑務所に収容するわけですから、そこでの体調や健康を管理する責任もあります。また国民健康保険に入れといっても入れない人もいますし、そこは強制もできません。その保険加入と非加入の差で医療が変わるのも問題があるでしょう。とはいえ、一般社会で高額医療費が払えない人がたくさんいることも現実で、そこに簡単に税金が投入されることもありません……難しい問題です。

とは言え、病気ですから、退院できた後に釈放される人も多くいますので、「結果として、刑務所に入って、ガンを治してから出所する」ということはまんざらない話でもありません。

被害者側から言わせれば、受刑者が入院中、病院の一人部屋にいることにさえむかつきを覚える人もいるでしょう。被害者に限らず納税者視点からでも同様です。

そうして刑事施設を見渡すと、医療費の問題は、受刑者の高齢化や健康維持に行きつきます。施設にはガン患者だけではなく、ＨＩＶ感染者もいます。病人がゼロになる日は来ないでしょうから、やはり、「健康が一番！」が施設の中でも言うべき重要なことのように思います。私が「無期受刑者」向けの講義で話をした「エンジョイ刑務所生活！」はまんざら間違いではなかったということかもしれません。

資格を取ろう

女子刑務所のなかには美容師を目指す「美容科」があり、そこで2年間にわたって学んでいる人たちがいることを書きましたが、刑務所ではそういった「職業訓練」を受け、公の免許・資格の取得、職業技能取得のための訓練を受けることが薦められています。社会復帰時にその経験や技能を活かしてもらおうというものです。

ただ誰でも彼でもこの訓練を受けられるものではありません。訓練生の選定にはいくつかのルールがあります。

その条件には、

1. 職業訓練を受けることを希望していること
2. 残刑期が職業訓練に必要な期間を超えていること
3. 職業訓練に堪えられる健康状態にあること
4. 受刑態度が良好であり、改善更生の意欲が高いと認められること
5. 適性検査の結果、職業訓練に必要な適性があると認められること
6. 受検しようとする免許又は資格の受検資格を有していること

などがあります。中でも「2」は大事ですね。勉強している最中に「仮釈放です」なんてこと

になると、訓練の中座になってしまいます。

また「資格の取得状況」は手紙の発受や差し入れ、面会などの回数制限などに影響もします。「一所懸命」はどこの世も評価されるということです。

この「職業訓練」には様々な種類があり、ざっと並べてみますと、

木工／革工／金属加工／旋盤／洋裁／自動車整備／高圧電気工事／電気工事／電気通信設備／建築／印刷／溶接／ボイラー／板金／機械、建設／左官、介護／船舶職員／理容師／美容師／エステシャン／クリーニング師／ホームヘルパー／パソコン／情報処理／CAD技術／フォークリフト／クレーン運転／ビル設備／配管／測量／ビジネススキル／消防設備／点字翻訳／農業園芸／ビルハウスクリーニング／窯業／客室清掃実務／介護福祉科／医療事務科／調理科・パン職人／販売サービス科／PC上級課程／デジタルコンテンツ編集／海技従事者／危険物取扱者／ボイラー技師／無線通信

などが実施されているようです。

長期滞在者は複数の資格を取る者もいますが、取得するのが趣味みたいになっているところもあり、出所後、それらが活かされているかどうかは疑問です。刑務所も、就職先で資格を活かしているかを追いかけることはできません。

成年年齢の引下げと改正少年法施行

２０２２年４月に改正少年法が施行となりました。主に18～19歳の少年について、従来よりも厳しく処罰することに主眼を置いているものです。

少年法の改正は、20歳から18歳に引き下げられた民法の成人年齢との整合性を図る目的で行われたようです。その改正少年法についての主なポイントを３つ説明します。ここには私なりの疑問もありますので、それも添えました。ちなみに法律の世界では「少年」の表記は「男子」だけに特定するものではなく「女子」も含みます。

まず１つ目は18歳、19歳の少年を「特定少年」と定義し、17歳以下の少年よりも厳しく罰する方針に変更されました。ここには民法の成年年齢の引き下げが大きく関わっていると言えます。その年齢を未成年とは認めなくなったからでしょうか？　私にとっては１つ目の疑問です。

そして２つ目が「原則逆送対象事件」の拡大です。これまで原則逆送対象事件は、「16歳以上の少年が故意で被害者を死亡させた事件」のみに適用されました。しかし改正少年法では、上記に加えて「特定少年が犯した死刑、無期または１年以上の懲役・禁錮に当たる事件」も原則逆送対象事件となります。具体的には、強盗罪や組織的詐欺罪、現住建造物等放火罪などが当てはまります。その年代が関わる事件、よく目にしますよね。ただ、犯罪が増えたと言って事後に厳重に対処するようにしても、増えないようにできるとは限りません。逆送されて刑事処分が増えることは刑事施設の望むところでしょうか？　今まで行われていた少年向けの矯正指導はどこに行ってしまうのかと心配です。

そして3つ目が実名報道の解禁です。少年事件については、これまで犯人の実名・写真等の報道が禁止されていましたが、改正少年法では起訴された場合、実名や写真等の報道が許されるようになりました。名前や写真が出ること自体が抑止力にはならないと思います。事後処理が大事なのではないのです。犯罪が起きないことを目指さねばならないのです。

こういったところが改正少年法の問題点です。

これと対で知っておかねばならないのは、民法における成年年齢の引き下げについてです。

少子化が進み、若者にも政治への参加を促すため、公職選挙法等の一部を改正する法律が成立し、公布されました。これに伴い、２０１６年６月19日の後に初めて行われる国政選挙の公示日以後にその期日を公示又は告示される選挙から、選挙権年齢が「満20歳以上」から「満18歳以上」に引き下げられました。

そもそも我が国における成年年齢は、１８７６年以来、20歳とされていましたが、近年、憲法改正国民投票の投票権年齢や、公職選挙法の選挙権年齢などが18歳と定められ、国政上の重要な事項の判断に関して、18歳、19歳の方を大人として扱うという政策が進められ、成年年齢を18歳に引き下げることを内容とする「民法の一部を改正する法律」が、２０２２年4月1日から施行されたのです。

成年年齢の引き下げによって変わることといえば、全てが全てとはいえませんが、18歳でも親の同意を得ずに一人で有効な契約をすることができるとか、父母の親権に服さなくなるということがあります。例えばそれによって18歳、19歳は、携帯電話を購入する、一人暮らしのためのアパートを借りる、クレジットカードを作成する、ローンを組んで自動車を購入する、といったことができるようになりました。

そのほか、10年有効のパスポートの取得、公認会計士や司法書士などの国家資格に基づく職業に就くこと、性別の取扱いの変更審判を受けることなどについても、18歳でできるようになります。また、女子の婚姻開始年齢における男女の取扱いの差異も解消されました。

酒やたばこに関する年齢制限については、20歳のまま維持されています。また公営競技（競馬、競輪、オートレース、モーターボート競走）の年齢制限についても、20歳のまま維持されます。これらは健康被害への懸念や、ギャンブル依存症対策などの観点から、従来の年齢を維持することとされています。

酒やたばこ、公営ギャンブルは20歳以上に据え置かれる一方で、クラブやスナック、パチンコ店への出入りは従来から18歳以上でした。法規制がバラバラですし、身体と精神と年齢の考え方がバラバラになっているようにも見えます。

そしてここで触れるべきは「少年犯罪」についてです。

まずは「少年院」と「少年刑務所」の大きな違いですが、「少年院」は「少年刑務所」のように刑罰を科すための施設ではないので刑務作業に従事することはありません。これに対して「少年刑務所」は刑務所という名も付きますので、刑罰を執行することが第一の目的の刑事施設です。簡単に言うと「少年院は教育施設」「少年刑務所は矯正施設」です。ただ罪を犯してどちらに行く審判が下るかの差だけです。ちなみに女性の少年受刑者は、女性の成人受刑者と同じ施設（女子刑務所）に収容されるため、女子少年刑務所はありません。

なお、刑事裁判で実刑判決を受けた少年のうち、14歳以上16歳未満の少年は、少年刑務所ではなく少年院に収容されます（なお、少年法の一部改正により、2年間の保護観察となった特定少年〈18歳および19歳〉で保護観察中に重大な遵守事項違反があった場合、少年院に収容することができる制度が開始されました）。また、少年刑務所には未成年受刑者だけではなく26歳未満の青年受刑者も収容されています。したがって、少年刑務所への入所後に20歳に達した場合であっても26歳になるまで継続して少年刑務所に収容されることになります。

この本を書いている最中、２０２３年1月16日に静岡県牧之原市で起こったのが13歳の娘による実母刺殺事件です。犯行を行った少女が14歳未満の「触法少年」ですので、刑法第41条では法律上、罪に問われることはありません。

一方「少年院」は、非行を行った少年に対して改善更生のための処遇を行う矯正施設です。規律ある生活の中で、さまざまな教育や訓練を行い、社会に適応できるように保護し、社会復帰させることを目的としています。ここでの職業指導（溶接、木工、土木建築、建設機械運転、農園芸、事務等）は勤労意欲の喚起、職業生活に必要な知識・技能の習得を目指すものです。

今回、私が、改正法で気になった所は「虞犯《ぐはん》少年」の適用の除外です。「虞」とは「おそれ」を意味します。そもそも将来、罪を犯したり刑罰法令に触れる行為をする「おそれ」のある少年（虞犯少年）を少年審判に付すことが可能であるとしていたものを、改正法で「特定少年」に関しては、虞犯少年として少年審判に付することができなくなったという点です（改正法第65条第1項）。少年法の「少年の健全な育成」という目的から見れば、また「危機管理」の側面から見ても、これを放棄してしまうのはいかがなものかと思います。

私は刑務所で釈放される人たちへのコミュニケーション講義を受け持っているだけですが、成人の犯罪の前兆を少年期の思い出話から聞き取ったことがあります。それは父親から受けた暴力、目の前での両親の喧嘩やＤＶ、友だちからの悪い誘惑、外泊、学校に馴染めなかった、学校でいじめにあった……。そんな思い出話です。これらは、左記の「虞犯少年」の特徴と一致しているとは言えないでしょうか？

「虞犯少年」とは、次に掲げる事由があって、その性格又は環境に照して、将来、罪を犯し、又は刑罰法令に触れる行為をする虞のある少年のことを言う。

・保護者の正当な監督に服しない性癖のあること。
・正当の理由がなく家庭に寄り附かないこと。

・犯罪性のある人若しくは不道徳な人と交際し、又はいかがわしい場所に出入すること。
・自己又は他人の徳性を害する行為をする性癖のあること。

今回、少年法を改正すべきだという流れは、どうも民法の成年年齢に引きずられすぎの感じがしています。気付いたら近いうちに少年法の「特定少年枠」もなくなってしまうような気がします。

世の中、何もかもがデジタル的に白黒（ゼロ・イチ）で片付けられるものではありません。グラデーションがあることを忘れてはなりません。

少し前、しばらく病院で入院生活を送っていたもので、毎日空を見ていました。日の出前の光の色は白かグレーでした。そのうちに猛スピードで空は青空になって行きます。その後、少し黄色が来たかなと思っていると、あっという間に夕焼け小焼けの世界です。空の色は一瞬に変わるわけではありません。人間の年齢も一緒です。「グラデーション」があるのです。

交通刑務所に入る人々

「交通刑務所」とは、交通事故や交通法規違反などを理由として懲役刑の実刑判決を受けた受刑者が収容される刑事施設の俗称です。法律上、このような名称の施設があるわけではありません。

交通刑務所に入る条件とは「自動車の運転により人を死傷させる行為等の処罰に関する法律」（自動車運転処罰法）に基づき、飲酒運転や危険運転で重大な事故を起こした者やその事故によって被害者が出てさらに死亡したことなどによります。

いわゆる「交通刑務所」としては、次の2つがあります。

・千葉県市原市…「市原刑務所」収容定員463人
・兵庫県加古川市…「加古川刑務所」交通区の最大収容定員120人

ただ「道路交通法違反」は他の刑務所にも収容されることもありますので、必ずしもこのどちらかに送り込まれるとは限りません。

市原刑務所は、ほぼ交通事犯だけを受け入れているので、まさに交通刑務所と呼ばれるのにふさわしいと言えます。刑務作業では、12の民間業者と刑務作業の契約をしています。昔は味噌、醬油の製造が長く有名でしたが、現在は行われておらず、代わりに「椎茸栽培」が盛んとなっています。

他方、加古川刑務所は、一般の刑務所の中に、交通事犯だけを収容した区画（交通区）が置かれているものです。その交通区は、解放区扱いで、居室や工場に施錠をせず、面会は職員の立会なしで実施するなど、一般の刑務所より管理が緩やかで、受刑者の自主性を重視しています。こちらの刑務作業では、20の民間業者と刑務作業の契約をしています。「木工の応接家具セット製作」、全国刑事施設の受刑者などの「衣服の縫製」などが盛んです。

実際に刑務所に入ることになるのは、交通事故を起こして、法廷での正式裁判を求める起訴をされ、懲役刑または禁錮刑の執行猶予なしの実刑判決を宣告されて確定したときです。

交通事犯での検察官の処分状況を見てみましょう。

2018年の交通事犯の「実刑判決を受けた者の割合」は、次のとおりです。

・過失致傷 1・5％
・過失致死 5・5％
・危険運転致傷 9・6％
・危険運転致死 100％
・道路交通法違反 15・4％

最近よく聞く「危険運転致死罪」であれば、１００％刑務所に入るのです。「危険運転致死傷」は自動車の危険な運転によって人を死傷させた際に適用される犯罪類型です。東名高速道で飲酒運転のトラックが女児２人を死亡させた１９９９年の事故などをきっかけに２００１年に制定されました。２０２０年時点の法定刑は１年以上の有期懲役（最長で懲役20年、加重で30年）です。

構成要件として、大まかに以下の６つがあります。

1. 飲酒や薬物の影響で正常な運転が困難な場合
2. 制御不能なスピードで運転する行為
3. 無免許など運転技術が未熟な場合の運転行為
4. 妨害するような運転行為(直前への進入、前方での停止などによって著しく接近する行為)
5. 信号を無視する運転行為
6. 通行禁止の道路を走行する行為

２０２０年版『犯罪白書』にある２０１９年のデータによりますと、検挙人員は「危険運転致死傷」で６５３人とありました。交通犯罪で入所した者は他の刑事犯とは少し違い、「交通道徳」などに関する講義を受けます。

なお「道路交通法違反」も16％が実刑判決を受けています。

この「道路交通法違反」をなめてはいけません。以下のもの全てがそうです。「一時停止違反」「スピード違反」「免許不携帯」「無免許運転」「飲酒運転・酒気帯び運転・酒酔い運転」「携帯電話使用等違反」「信号無視」「報告義務違反（ひき逃げ・当て逃げ）」「妨害運転（あおり運転）」「駐車違反」「救急車など緊急車両の進路妨害」などなど……。

パトカーや白バイに止められて「何点マイナスかな」と頭をかいている場合ではありません。減点と罰金の次には懲役が待っています。今日からも安全運転、お願い致します。

刑務所で死者が出たら

受刑者が刑務所を出られる理由を並べてみますと、まず「満期懲役刑終了」で釈放、「仮釈放」で出所、または「恩赦」、そして「死亡」となります。

刑務所にも高齢化の波が押し寄せていて、病気や老衰など、色々な理由で亡くなる方も多いです。残念ながら自死もあります。

受刑者が亡くなった時は遺族に連絡を入れ、施設内でのお葬式にお声がけするそうですが、その日に来られる人はほとんどおられないようです。

施設として、亡くなる前、病状が悪化した時点で家族などに連絡を入れますが、このときもすぐに来てくれる家族はほとんどいないそうです。現在はコロナ禍でもあり、簡単に面会もできないようですが、受刑者にすれば会いたい気持ちと合わせる顔がないという気持ち、家族にしても会いたい気持ちと、もう関係は断ったのだからというものが入り交じるそうです。病院に入院している家族に面会に行くのとは状況が全く違います。

亡くなられた後、ご遺体を引き取る人がいない場合もとても多いようです。その時は刑務所が手配した火葬場で荼毘《だび》に付したあと、一定の期間、刑務所でお骨を保管してくださっています。それでも結局、お骨の引き取りに来られない方も多く、その時はお盆の時期に合わせて、遺骨を無縁墓地や公営の墓地に納めるということです。

府中刑務所や大阪刑務所のように収容者数がとても多い施設では、少なくとも週に1人が亡くなっていると言われています。「大阪矯正管区定期記者公表資料（2022年12月）」を見ますと、11月だけで管区内では大阪医療刑務所で病死5名、大阪刑務所で病死2名、大阪拘置所で病死1名とありましたので、合計8名の方が亡くなっています。年間にすると何名亡くなっているのかがわかる資料は見当たりませんでしたが、週に1名以上のペースだと思われます。医療刑務所では「死亡退所」という言い方をするそうです。

現在の大阪刑務所には昔、死刑執行の施設もありましたので、その人たちを弔《とむら》う、当時のお墓も所内にあったことを書き添えて置きます。

死刑の人

私の講義は基本、刑務所内で行っていますので、死刑囚の人には会ったことがありません。刑法第11条に「死刑は、刑事施設内において、絞首して執行する。　2　死刑の言渡しを受けた者は、その執行に至るまで刑事施設に拘置する」とあり、死刑囚は死刑執行の日をもって刑の執行になるので、死刑の執行までは拘置所にいることになります。ですので私が会うことはないですし、釈放もない彼らには出所後の社会生活に必要な「コミュニケーション力」を身に付ける講義も不必要なんです。

ただ、刑事施設に関わる以上知っておこうと、「死刑」についても勉強しました。

そもそも死刑の判決は犯罪の性質、動機・計画性、執拗さ・残虐性、結果の重大さ・被害者人数、遺族の被害感情、社会的影響、犯人の年齢、前科、犯行後の情状などを元にして決められるものです。2023年1月時点で収監中の死刑囚の人数は105人です。

「殺人事件」を起こした結果、「死刑」に至ることがほとんどです。ただそれ以外の犯罪でも「死刑」になるものがあります。いくつか並べてみましょう。

まずは「殺人罪」。人を故意に殺す犯罪です。なお殺人罪は、何らかの行為（包丁で身体を刺すなど）によって人を殺した場合のほか、放置しておくことで人が死亡することが予想されるとき（溺れている人がいるなど）に、そのまま放置した場合にも適用される可能性があります。そして「組織的な殺人罪」とは、組織的に殺人をする犯罪です。これは1995年に起こったオウム真理教の地下鉄サリン事件をきっかけに、新しく定められました。

「内乱罪」とは、国会・内閣・裁判所などの統治機構を転覆や破壊させる目的で暴動を起こす犯罪です。クーデターなどです。

「現住建造物等放火罪」とは、人が住居として使用しているか、人がいる建物、電車、船などに放火する犯罪です。

「決闘殺人罪」とは、決闘を行い、相手を死に至らしめる犯罪です。なお、決闘とは、当事者の間で合意をして、身体を傷つけるもしくは生命を奪うことを目的に暴力を振るうことをいいます。この法は古く、明治22年法律第34号第3条に規定されています。

「強盗致死罪」とは、強盗を行った結果、人を殺したり、死んでしまったりした場合に適用される可能性のある犯罪です。強盗の際に意図的に人を殺した場合だけでなく、恐怖による心臓発作などで意図せず人が死んだ場合も該当する可能性があります。

「人質殺害罪」とは、人質を取り、金銭を要求したり、逃走ルートを確保したりするなど、強要行為をしたときに、人質を殺害する犯罪です。

これらによって執行される「死刑」に関して、刑事訴訟法では、法務大臣が死刑判決確定から

6カ月以内に執行を命じ、さらに5日以内に執行するよう定めています。ただ、このようなスケジュールでの執行はほぼありません。確定している死刑とはいえ、執行の延期があります。

その理由の1つは、裁判のやり直し（再審）を求める権利が死刑囚にある（刑事訴訟法第475条）からです。法務省内には、再審請求中の死刑囚には執行しない「暗黙のルール」があります。

もう1つはその死刑囚が別の犯罪に関わっていて、その事件の証人もしくは参考人になり、召喚の可能性のある時です。その事件が結審するまでは執行が延期されることがあります。それは裁判において、証人が死んでいなくなることで不利益が生じると言えるからです。

他にも死刑囚が余罪を話しはじめ、その真偽を確かめることで執行が長引いたりすることもあると聞きました。そういう意味では複数事件に関わっている死刑囚にはなかなか刑が執行されないと言えます。

少年事件に対する死刑適用に関して、少年法第51条では18歳未満の少年に死刑を言い渡すべきときは必ず無期刑に緩和される規定がありましたが、18歳と19歳の少年は元々この規定の対象外です。したがって、「特定少年」は事件の内容によっては死刑判決が言い渡される場合があります。

ところで、刑務所を出られる1つの理由の「恩赦」とはどれぐらいあるのかという話をしましょう。

「恩赦」とは、憲法及び恩赦法の定めに基づき、内閣の決定によって、刑罰権を消滅させ、又は裁判の内容・効力を変更若しくは消滅させる制度で、「大赦」「特赦」「減刑」「刑の執行の免除」及び「復権」の5種類があります。

2019年10月の閣議で、天皇陛下が即位を宣言する22日の「即位礼正殿の儀」に合わせ、約55万人に「恩赦」を実施することが決められました。この恩赦は罰金刑を受け、医師などの資格を制限された人を政令で一律に救済する「復権」が大半です。

「復権」すれば、罰金刑を受けて喪失・停止となった国家資格などを再び取得できる状態になり、公民権も回復することになります。また刑罰が執行できない一部の重病者についても個別に審査して執行を免除するというものなどでしたが、罪をなかったことにする「大赦」や刑罰を軽くする「減刑」は一切行われませんでした。

重要なのはここです。「恩赦」が実施されたら、「死刑」が「無期懲役刑」に変わったり、他の有期刑が減刑されて早く娑婆に戻って来られるというような風の噂を聞くこともありますが、そんなことはありません。1947年に起きた事件（福岡事件）で死刑判決が確定したのち恩赦で無期懲役に減刑されたという事例もあるにはありますが、それ以降はそのようなことは起こっていないのです。

これから暴力団を離脱しようと考えているあなたへ

「暴力団員による不当な行為の防止等に関する法律（暴対法）」が1991年に制定され、取り締まりも厳しくなる中、組は離合集散したり、高齢化が進んだり、新人の獲得に手を焼いたりしています。暴対法施行前後でいうと、全国の構成員は4分の1になっています。一方で、「半グレ集団」と呼ばれる、暴力団には所属せず犯罪を行う集団も台頭し、暴力団は組員をそこからリクルートしているという説もあります。とはいえ昔のヤクザ・暴力団のような縦型組織ではなく、フラット型を望む者たちにとっては「半グレ」のほうが馴染むようです。警察によると現在80グループ、4000人が確認されています。

「暴力団の最新情報」はこの本の主旨から離れてしまうので一旦置いておき、ここで私の「再犯をなくしたい」という思いに則り、暴力団からの離脱について書きます。特に私が施設内で離脱を推進する講義を持っているわけではありませんが、お付き合いください。

刑務所の中での指導（符号「R2」）の目標は「暴力団からの離脱に向けた働き掛け」を行い、本人の有する「具体的な問題性の除去及び離脱意志の醸成を図る」ものと言われています。対象者は服役中の暴力団員です。親分や兄貴分、兄弟分との接点もない環境の中で積極的に指導するものです。

指導方法としては、講義、討議、個別面接、課題作文、視聴覚教材の視聴・離脱意志の程度に応じた集団編成を行います。彼らには暴力団への加入動機を振り返らせ、自己の問題点について考えてもらいます。暴力団に加入したことにより、金銭感覚がそれまでの生活と一変し、考え方も変化したことについて、加えて周囲（家族、社会、被害者等）に与えた影響についても考えてもらいます。

また暴力団の現状及びその反社会的性質について認識させ、暴力団に加入したことが誤りであったことに気付かせます。そして暴対法の現状などを理解させ、暴力団に加入していることによって、これからも犯罪に関わってしまう可能性が高いことに気付かせます。あとは離脱のための具体的な手続き及び方法について説明し、自分自身の身の振り方を決めてもらいます。

「暴対法」施行以降、全国各都道府県公安委員会が設置した「暴力追放運動推進センター」は、暴力団被害に遭っている皆さんのいわば「駆け込み寺」であり、市民の皆さんの暴力団排除活動を支援する組織です。

その組織の中に、被害を受けた人たち向けではなく、加害者側であった暴力団員を対象とした「暴力団離脱者支援対策連絡会」というものがあります。この会は暴力団離脱者の就労支援等の社会復帰支援を行なうため、1992年1月に警察、暴力追放運動推進センターや国をはじめ、関係機関・団体が設立したものです。

私の地元の「公益財団法人　大阪府暴力追放推進センター」のホームページには、「暴力団をやめたいと思っている人、やめたが社会復帰がままならない人は、暴追センターまでご相談ください」ということで、府下3カ所の電話番号が載っています。メールでの問い合わせフォームもありました。また同ホームページには最新の「暴力団情勢」の情報があり、「銃器発砲事件の発生状況」などが掲載されています。他にも「不透明化を更に増す暴力団」「資金獲得活動を多様・巧妙化させる暴力団」「暴力団情勢の変化」などなど、最新情報が満載で、読みごたえは十分です。

さて、同センターでは何と、離脱者雇用給付金支給制度で、「カタギ」になった人を雇用した企業に給付金を支給してくれます。条件としては、暴力団を離脱した者を継続して1カ月以上雇用した事業者のうち、

1．大阪府暴力団離脱者支援対策連絡会の協賛企業であること。
2．雇用された離脱者が大阪府内に事務所を有する暴力団員であったこと、または大阪府内に住所を有すること。
3．当該離脱者を雇用したことについて、他の都道府県センター等から給付金の支給を受けていないこと。

など、いくつかの条件を満たす事業者に対して給付金を支給しています。元暴力団員の就労を応援する企業にはお金が出るという仕組みです。

ただ世間には「反社会的勢力排除条項の5年ルール」（「反社の5年ルール」とも言われる）というものがあり、企業の取引や契約から反社を排除するために、暴力団員のほか、「暴力団員で

なくなった時から5年を経過しない者」を反社会的勢力と同等の扱いとする規定があります。そのために「賃貸物件等に入居できない」「銀行口座を開設できない」「生命保険に入れない」「レジャー施設や宿泊施設で入場を制限される」「車を買えない」「携帯電話の契約ができない」などの制約があります。

そういう意味でも離脱希望者は警察や「暴追センター」の助けを経て、まず正業に就くことです。何度か書きましたが、「住むところ」「仕事」の確定こそ、一般社会への復帰の足がかりになります。真摯な気持ちで本気で暴力団をやめ、社会復帰を望む人には、全国各地にある「暴力団離脱者支援対策連絡会」が手助けをしています。ぜひ訪ねてみてください。

「オレオレ詐欺等対策プラン」とは？

高齢者を狙った「オレオレ詐欺」が猛威を振るっています。「スマホ1台で簡単に加担」できてしまうため、アルバイトかゲーム感覚で犯罪にハマってしまう若者も多いようです。「受け取りに行くだけ」「電話するだけ」などミッションが簡易な分、犯罪の全貌が見えないまま、安易に入っていく人が多いようです。

いろいろなデータベースを駆使する知能犯罪でもあり、「半グレ」も多数参画しているようです。

「特殊詐欺」については、2019年6月の犯罪対策閣僚会議において決定された「オレオレ詐欺等対策プラン」に基づき各種対策を推進しています。

カタカナの多いこのプランは「特殊詐欺」と呼ばれるものに対し、被害防止対策の推進として「広報啓発活動の更なる推進」「留守番電話機能の活用等の促進」「金融機関やコンビニと連携した被害の未然防止」などを挙げながら、「犯罪者グループ等に対する多角的・戦略的取締りの推進」と「犯行拠点の摘発等による実行犯の検挙及び突き上げ捜査による中枢被疑者の検挙の推進」を図るものです。

簡単に特殊詐欺事件の中身を説明しますと、まず「還付金詐欺」や「預貯金詐欺」。これらは自治体、税務署や年金事務所の職員などを名乗る者から、「一部未払いの年金がある」とか、「医療費などの払い戻しがある」などと伝えられ、すぐにATMなどに向かうよう指示されるものです。携帯電話を持って近くのATMに向かうと、お金が振り込まれるどころか、高齢者が振り込む側に回っているものです。

「オレオレ詐欺」はご存じのように、親族や警察官、弁護士等を装い、親族が起こした事件・事故に対する示談金等を名目に金銭等をだまし取る手口です。息子や孫になりすました犯人から電話があり、仕事に関するトラブルなどを口実にお金を要求します。子どもや孫を救いたい一心からついつい話に乗ってしまい被害に遭うことになります。

「携帯番号が変わった」とか「風邪を引いたので喉の調子が悪い」のひとことは、詐欺の始まりです。「会社のお金を株に使い込んでしまった」「会社のお金が入ったカバンを落としてしまった」などと話し、お金が至急必要であることを訴えてくるケースもあるようです。最近は機転の利いた銀行員などが寸前で振り込みを止めたというニュースもありましたが、そういうことは稀でしょう。

2022年の特殊詐欺の被害件数は1万7520件。被害額は361億4000万円（暫定値）。前年に比べて総被害件数は約20％増加し、被害額も約79億4000万円増加しています。被害額は過去最高となった2014年の559億4000万円よりは少ないですが、依然として高齢者を中心に被害が高い水準で発生しています。こうした事件が起こっていることを、被害者の家族や近所の人たち、私たちはどう考えるといいのでしょうか？

もう40年近く前になりますが、「豊田商事事件」というものがありました。当時の高齢者を相手に「金」の悪徳商法をしたもので、被害総額は2000億円近くにものぼった事件です。この時、被害者の1人が言っていたのは、「めったに実家に帰って来てくれない子どもや孫より、毎日のように訪ねてきてくれた営業マンに心が動いた」です。我が子、我が孫のように、その詐欺師だった営業マンが可愛く、愛おしく見えたそうです。

決してコミュニケーション力アップが「特殊詐欺対策」の決め手になるなどとは言い切れませんが、普段の人間関係の希薄さも、こうした詐欺が絶えない原因の1つになっていると思います。コミュニケーション不足が叫ばれる今、夫婦、家族、会社仲間、近所付き合いなどの人間関係の濃淡に事件を未然に防ぐヒントがあるように思います。

人生はやり直しが利く

私が刑務所に通う目的は「再犯防止」です。

二度と刑務所には帰ってきてほしくない。そして、二度と被害者を作らないでほしいのです。家族や友人だけでなく、もう悲しむ人を二度と作ってほしくありません。

「釈放」を前に、一般社会での処世術として「コミュニケーション力アップ」を学んでもらっていることを先に書きました。そのときの授業では、私と受刑者が同じ高さの椅子に腰かけ、マイクも使わず、地声で、同じ目線で話しています。特に「満期釈放者向け」に話している時は、相手が娑婆に戻るのは長くても1カ月以内です。5年も10年も塀の中にいた人にとって出所日まではアッという間にやってきます。その来るべき日に備え、コミュニケーション力を学んでもらい、一般社会の情報提供にも時間を費やしています。そして、「住む所を決める」「正業に就く」そして「税金を納める」の3つを約束してもらいます。

私が受け持つ4時間の授業の中で、4時間目の最後に「やり直しが利く人生」の話をします。少し長くなりますが、その様子を書き起こしてみます。

「『気持ち』は、『気の持ち方』と書きます。

自分が決めて、自分で、自分の『気』『思い』『夢』を持つんですよね。

もうここ（刑務所）で命じられたことだけをやってきた人生は卒業です。

ピーター・ドラッカーという有名な経済学者も吉本興業で働いていた私も言ってます。

『目標を持て！』と。

これは『短期目標』『長期目標』『行動目標』などを自分で決めて、それに向かっていくということです。それぞれを自分の言葉でいいのでノートに書き留めましょう。皆さんここでノートを付けるのには慣れたでしょう。日記を書いた人も、手紙を書いた人も、願箋を書いた人も、毎日のように文字を書いていたでしょう。これからも続けてください。

ノートに書くと、前に書いたことをページをめくって見たりできるので、お勧めします。忘れていたことに出合えたりします。

しばらくはお金もないでしょうから、無理してパソコンとか買わなくっていいです。携帯電話とノート、鉛筆と消しゴムでやって行きましょう。

是非、まず出所後1年間の目標を立ててください。そしてこの1カ月の目標は？　そして明日の目標は？　思いついたものを全部書いてください。犯罪につながるもの以外、全部正解です。

『なぞなぞ』でやりましたよね。答えが1つだったものだけでなく、どの意見も正しかったものをやりましたよね」

ドラッカー先生の言葉にある「マネジメントは権力ではない、人を活かす責任だ」ということも話します。芸能事務所のタレントとマネージャーの例を挙げつつ、ドラッカー先生の理論とは少しずれるかもしれませんが、私なりの解釈で話します。

「マネージャーは権力者でもなく、えらい人でもなく、芸人のもつ力を最大限に発揮できるように協力しあってアドバイスする人のことであって、マネジメントは権力や強制力ではなく『責任』です。

ある本好きの芸人がいて、普段、漫才をする時以外は本ばっかり読んでいたそうですが、出版担当のマネージャーが『一度、何か書いてみたら』と声がけしてみて、何度か書くようになっていった結果、小説家としてデビューして、大きな賞も受賞しました。マネージャーが命令して小説を書いたわけではありません。読書という興味が高じて『書く』という行為をして、それを磨いてみたら、そこが輝いたということです。皆さんにもきっと何か才能や魅力、個性がありますす」

社会復帰する受刑者に「あなたは、あなた自身の名マネージャーです」とも伝えます。経済の話より、芸能の話のほうがわかりやすいのか、よく聞いてくれます。

そして、「人生はやり直しが利く」ということを自信を持って進めてほしい私からする最後の質問は、「この4時間の授業の中で、覚えていることを1つ教えてください」です。私の授業は言葉や心の「キャッチボール」ですので最後まで、投げる、受ける、投げ返すを繰り返します。

ある受刑者を当てますと、

「リスペクト・ユアセルフという言葉です」と言われました。嬉しいですね、すぐに、

「何て意味やったっけ？」と返すと、

「自分を尊敬することです」と言ってくれました。

「歌っていた人は誰でしたっけ？」と聞くと、さすがに覚えていません。

「ステイプル・シンガーズですわ」と教えてメモしてもらいました。


そして最後の最後の締めの言葉は「3つの禁句」についてです。

知らず知らずのうちに使っているけれど、実際にはコミュニケーションが取れていないことが多々ある言葉についての話です。

その禁句とは「普通」「みんな」「誰でも」の3つです。


「例えば『普通の夫婦』という言葉があるとします。これが意味するところは、『男と女が好き合って、結婚式挙げて、戸籍を1つにして、姓を1つにして、一緒に住む』だけではないですね。私の親友は女子でしたが男子になり、彼女ができて、戸籍は入れられませんでしたが、『同性パートナーシップ条例』で、2人は『結婚に相当する関係』として認めてもらえました。

『LGBTQ』の人たちのことを考えたら当然ですね。実は少し前、この夫婦、2人目のお子さ

んが生まれました。ゲイの友人の精子をもらって奥さんが出産です。素晴らしいことです。この夫婦と友人の男性のご家族、元々、皆さんが『好きな人ができても出産はないだろう』と考えてらっしゃったようですが、2人の子どもに、両親から祖父母、親戚全員が大喜びです。役所の戸籍課の人は少し困ったそうですが……。これを聞くと『普通の夫婦』を男と女に限定してはいけないことが理解できます。

そして『誰でも知っている』『みんなが言ってた』などは『宣伝文句』には使えますが、『誰でも』も、『みんな』も、実際は『数人』だったりします。

それを宣伝に使うときには『みんな大好き、すき焼き！』『あのテーマパーク誰でも楽しめるわ』などと言います。これは本当ですか？　すき焼きよりホルモン焼きのほうが好きな人もいます。テーマパークより、山の中のキャンプのほうが好きな人もいます。実はどれも正しいのです。それを宣伝の方法で、上手く導きたい時に『みんな』『誰でも』を活用しているんです。ですから出所予定の人たちには、この3つの言葉は気を付けて使ってくださいといつも教えています。

『普通、ムショ帰りはみんな、再犯を起こしよる！』と言われて首を縦に振りますか？

『ムショ帰りは何しよるかわかれへん！』と言われて皆さん納得できますか？

そうではないですよね。頭で物事を固定してしまっていると、この3つの言葉を使ったり、その言葉に納得したりしてしまうのです。

是非この先はそういう言葉に惑わされることなく、自分で決めて動くという姿勢を貫いてください。もちろん周りの人のアドバイスも聞くことも忘れないこと。ここもコミュニケーション力です。

もう二度と刑務所に戻らず、娑婆で生き抜いてください。やり直しは利きますから。

これで4時間授業は終了です。娑婆で前向きに生き抜いてください。私はまた、来月にはここに入所しますが皆さんにはお会いできません」

おわりに

私の前著は2020年6月にこの本と同じ出版社KADOKAWAから出た『吉本興業史』であります。一企業の歴史書とはいえ、「お笑い芸能一筋」それも100年を超えた企業の歴史書であるだけに、楽しく書かせてもらいました。

その本の執筆時の背景には「スポットライト理論」というものを活用しました。簡単に説明しますと、時間（歴史）は流れているのではなく、止まっているものと考えられます。現在、過去、未来が同じ時空間にあり、実際にはどこかにスポットライトが当たり、それぞれを映し出している様子が時間が経過しているように見えるだけ――という理論です。

そこから見れば吉本興業で1930年に観客から人気投票をしてもらった「万歳舌戦大会」は今の「M-1グランプリ」であり、大正期の島根の民謡「安来節《やすきぶし》」（どじょうすくい）を全国区に変えた手法は「モーニング娘。」「AKB48」を生み出したオーディション形式と同じです。これらを新旧で見るものではなく、その時代その時代に合ったものの中から起きた事象のどれにライトを当てるかというのがこの理論です。

そして今回は書き始める頃、「万物流転」というキーワードが頭にありました。「頭脳警察」という大好きなロックバンドのアルバムを聞いていて、久し振りに出会った曲のタイトルです。実はこの「万物流転」とは、紀元前550頃～前480頃のヘラクレイトスという古代ギリシャの哲学者の言葉で、「万物は流転していると考え、自然界は絶えず変化している」というもので、「誰も同じ川に二度入ることはできない」という言葉で表現されたことで有名です。

偶然と言うか、魔が差したと言うか、この本の執筆期間に入るころ、「腰部脊柱管狭窄症」というのが原因で、歩いては痛みでしゃがみ込み、少し経ったら歩けるけど、また痛みが出たらしゃがみ込むという「間欠性跛行」を繰り返しており、病院を渡り歩いた結果、「後方進入腰椎椎間板固定術」という手術を受けることになりました。入院している間、コロナ禍で誰との面会も叶わぬ病室で執筆作業に入っていたので、正に状況は「万物流転」です。私の健康や人生も絶えず変化する自然界の一員であることをきつく感じ取りました。

そして今回のメインテーマは刑務所での「釈放前教育」です。受刑者に事情はあれこれあるとはいえ、法を犯した結果、強制的に連れてこられた人々が私の生徒です。

刑事施設での「矯正処遇」を受け、定められた懲役の後、釈放される日を前に私は喋ります。その受刑者が何とか再犯をせず、一般社会での生活を継続してもらいたいと願っています。その受刑者を「憂う」だけでなく、加害者家族、被害者家族など多くの人々を憂いながらです。

どれだけの結果が出ているのかはわかりませんが、真正面から向かい合っています。少しでも有意義で楽しい時間となるようにする姿勢は毎回変えません。それと同時に毎回、進行の状況は変わります。受講者が毎回変わるからです。相手に合わせて変化しないのであれば、録画ビデオかロボットに任せたほうがいいでしょう。ここでは対象者の数だけの対処が必要なので、アドリブ力を発揮しているのです。これも「万物流転」だというのは無理があるでしょうか？

今回もこの本が出るに当たって古い友人でKADOKAWAの玉置泰紀さん、編集担当の間孝博さんには助けられっぱなしでした。またカバーや各章扉のイラストでは堀道広さんのお世話になりました。むかし雑誌の「編集長」をやっていたこともありますが、本ができていく過程では、ビルや街ができていくように多くの人が動いてくださることを感じられて、楽しさと感謝しかありません。

そろそろコロナも落ち着けば、刑務所通いももっと戻ってきそうですが、皆様とは刑務所でお会いしないことを願いながら、無事をお祈りいたします。

２０２３年３月

竹中 功

資料

●処遇指標について（符号と受刑者の属性）

・犯罪傾向の進度による処遇指標

A　犯罪傾向が進んでいない者（初犯者。ただし暴力団関係者は初犯でも再犯者扱い）

B　犯罪傾向が進んでいる者（再犯累犯・反社会的勢力）

（AとBは、全ての受刑者にどちらかの符号が付けられます）

・性、国籍、刑名、年齢および刑期などによる処遇指標

D　拘留受刑者（Detention）

Jt　少年院への収容を必要とする16歳未満の少年（Juvenile training）

M　精神上の疾病又は障害を有するため医療を主として行う刑事施設等に収容する必要があると認められる者（Mental）

P　身体上の疾病又は障害を有するため医療を主として行う刑事施設等に収容する必要があると認められる者（Patient）

W　女子（Women）
F　日本人と異なる処遇を必要とする外国人（Foreign）
I　禁錮受刑者（Imprisonment）
J　少年院への収容を必要としない少年（Juvenile）
L　執行すべき刑期が10年以上である者（Long）
Y　可塑性に期待した矯正処遇を重点的に行うことが相当と認められる26歳未満の成人（Youth）
S　特別な養護的処遇を必要とする者（のうち一般行刑施設に収容される者）（Special）
T　専門的治療処遇を必要とする者（のうち一般行刑施設に収容される者）（Technical）
U　おおむね26歳未満の者のうち、小集団を編成して、少年院における矯正教育の手法や知見等を活用した矯正処遇を実施する必要があると認められる者（Unit）

ブックデザイン　菊池 祐
装画・扉イラスト　堀 道広
本文ＤＴＰ　ニッタプリントサービス

竹中　功（たけなか　いさお）
1959年大阪市生まれ。同志社大学法学部法律学科卒業、同大学院総合政策科学研究科修士課程修了。吉本興業株式会社入社後、宣伝広報室を設立し、「よしもとNSC」の立ち上げ、月刊誌『マンスリーよしもと』初代編集長を務める。「吉本興業年史編纂室」「コンプライアンス・リスク管理委員」などを担当、よしもとクリエイティブ・エージェンシー専務取締役などを経て2015年7月退社。吉本興業での実務経験を元に謝罪・広報マスターとして危機管理やコミュニケーション指導、講演、全国の刑務所での釈放前教育を行っている。

それでは釈《しゃく》放《ほう》前《まえ》教《きょう》育《いく》を始《はじ》めます！
10年《じゅうねん》100回《ひゃっかい》通《かよ》い詰《つ》めた全《ぜん》国《こく》刑《けい》務《む》所《しょ》ワチャワチャ訪《ほう》問《もん》記《き》

2023年３月23日　初版発行

著者／竹中《たけなか》 功《いさお》

発行者／山下直久

発行／株式会社KADOKAWA
〒102-8177　東京都千代田区富士見2-13-3
電話　0570-002-301（ナビダイヤル）

印刷・製本／大日本印刷株式会社

ISBN 978-4-04-113441-2　C0095